AF453739

LA GRAMMAIRE ESPAGNOLE

DE DES ROZIERS

Secretaire Interprete
du Roy.

A PARIS,

Elle se vend

Chez l'Autheur, dans sa maison, ruë
de Berry, proche le petit
Marché du Marais.

M. DC. LIX.

A MONSIEVR

MONSIEVR

DE RAMBOÜILLET.

ONSIEVR,

*Vous trouuerez peut-estre que ie
n'ay pas raison de me vouloir éta-
blir auprés de vous, en vous offrant
vne chose qui vaut si peu, & dont
le prix est au dessous des obliga-*

tions que ie vous ay , & des re-
connoiſſances que ie vous doïs.
I'auoüe que ie ſerois peu iuſte, ſi
ie pretendois vous marquer par là
les ſentimens de mon ame , & vous
exprimer comme il faut la grandeur
de l'eſtime que i'ay conceuë pour
voſtre eſprit, & pour voſtre vertu.
Pour y reüſſir auec quelque ſuccés
i'aurois beſoin, & de la force de voſtre
genie , & de la ſublimité des pen-
ſées de cette Nation, du langage
de laquelle ie vous preſente la Grammaire. Car qui ne ſçait, MON-
SIEVR, que vous auez infiniment
de l'eſprit, & que c'eſt ce qui vous
introduit dans le cabinet & dans
la confidence des premieres perſonnes de la Cour ? Qui ne ſçait que
vous eſtes parfaitement inſtruit
dans la maniere de viure des hon-
neſtes gens, & que c'eſt ce qui vous

donne entrée dans la focieté des plus ILLVSTRES? Qui ne fçait que vous poffedez toutes les qualitez capables de fe faire aimer, & que c'eft ce qui vous fait defirer dans les cercles & dans les ruelles. A tant de rares perfections dont vne feule feroit fuffifante pour meriter toutes les loüanges, vous ioignez la connoiffance des belles lettres, fans tomber pourtant dans le vice de ceux qui gaffent la beauté de leur naturel par leur Grec, & par leur Latin, témoin ces agreables & delicates productions dont vous faites confidence à peu de gens, & dont tout le monde neantmoins dit des merueilles. Ces auantages, à mon auis, ne font pas peu confiderables, particulierement lors qu'ils font accompagnez des biens de la fortune, comme ils le font heureufement en vous;

ã iij

puisque c'est vne chose assez rare de
rencontrer dans vne mesme personne de la capacité & du bonheur,
de la science & de la fortune: comme si l'on croyoit meriter tout par
le moyen des richesses, ou posseder tout par le moyen des sciences. Pour vous, MONSIEVR,
vous estes riche en ces deux manieres, sans que la iouïssance des
vnes vous inspire du mépris pour
les autres. Aussi à ne vous point
déguiser mon sentiment, rien ne
vous pourroit excuser, si ayant
receu de la nature des talens si
precieux, vous les laissiez perdre
faute de les cultiuer, & n'y adioûtiez par vostre étude de nouuelles graces & de nouuelles lumieres. Enfin, MONSIEVR, vous auez si
heureusement répondu aux grandes
esperances qu'on auoit conceuës de

vous, que du costé des affaires vous
vous estes rendu capable des plus
beaux & des plus difficiles emplois:
& du costé des belles lettres, vous
sçauez tout ce qu'il y a de plus so-
lide & de plus fin. Ainsi estant
persuadé auec tout le monde poly,
qu'il vous appartient de prononcer
sur les productions de l'esprit, ne
vous étonnez pas, si en vous offrant celle-cy ie vous demande auec
empressement vostre protection &
vostre approbation: la premiere me
sera necessaire, si ie suis assez malheureux que de n'auoir pas reüssy,
& la seconde me seruira de beaucoup, si ie n'ay pas entierement
mal fait. Voilà, MONSIEVR,
pour n'en dire pas dauantage, quel
est le suiet de cette lettre. Que
s'il est veritable que ie sois bien
dans vostre esprit, vous ne ferez
á iiij

*nulle difficulté de m'accorder l'vne
& l'autre de ces graces, sur tout s'il
vous plaist de vous ressouuenir que
ie conserue auec respect la qualité
preticuse,*

MONSIEVR,

De vostre tres-humble, & tres-
obeïssant seruiteur CLAVDE
.DVPVIS Sieur DES ROZIERS.

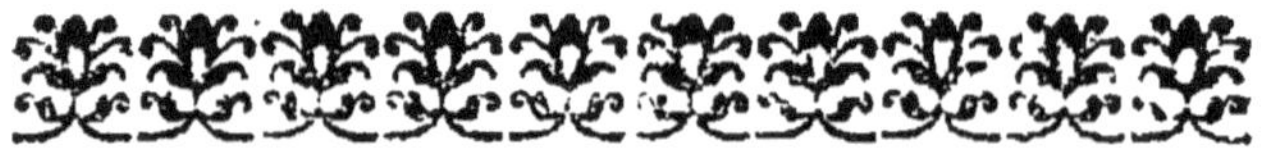

AV LECTEVR.

LA Langue Espagnole commence
à deuenir si familiere, & tant
d'honnestes gens ont desiré de moy
que ie leur en donnasse les principes,
que i'ay esté obligé pour leur satisfa-
ction & pour la mienne, d'en com-
poser vne Grammaire I'y ay apporté
autant d'exactitude, que la liberté de
mon genie & la petitesse de ma fortune me l'ont permis : & bien que le
peu de temps que i'ay eu pour y tra-
uailler, m'ait fait obmettre quantité
de choses que ie reserue à vne seconde
edition; neantmoins ie puis asseurer
que ie n'ay rien negligé de ce qui est
absolument necessaire. I'espere de la
iustice de ceux qui sçauent desia cette
Langue, qu'ils me iustifieront sur ce
suiet, & demeureront d'accord que
ie n'ay rien oublié de tout ce qui ne
le deuoit pas estre. Aussi me suis-ie at-
taché à ce qui est essentiel, n'ayant

ã v

pas eu affez de loifir pour faire des obferuations femblables à celles de ma Grammaire Italienne. Pour ce qui eft de la methode, ie ne l'ay empruntée que de moy, & ay fuiuy celle que i'ay toufiours pratiquée, parce qu'il y a tant de reffemblance entre l'Italien, l'Efpagnol & le François, que les regles de l'vn font prefque les regles ou de l'vn ou de l'autre : & pour ne me pas tromper, i'ay étudié auec application ceux qui ont le mieux écrit ; & trouuant dans leurs exemples la confirmation de mes principes, & la folidité de ma methode, ie n'ay fait aucune difficulté de les expofer à la critique des plus fçauans, en les fuppliant toutefois d'auoir égard à mes occupations, qui me dérobent les moyens d'eftre tout à fait attentif à mes ouurages. Que s'ils ne pardonnent pas à mes manquemens, ie trouueray ma fatisfaction dans le deffein que i'ay eu de rendre feruice au public, & ie me confoleray en moy - mefme du mauuais fuccés de ma production par la droite & iuſte intention qui m'y a porté. Enfin compoſer & faire imprimer vne Grammaire en moins de trois mois meritent quelque peu d'indulgence pour les fautes ſuiuantes.

Page 36. de meſme que deuant les noms, *liſez*, de meſme que les noms.

Page 48. troiſiéme parole, *liſez* troiſiéme partie.

Page 60. *me agradece*, liſez *me agrada*.

Page 101. liſez *reſpondieron*.

Page 110. *ſommes*, liſez *ſomos*.

Page 122. à la derniere ligne, *liſez*, ſignifie encore.

Page 126. *eſpatando*, liſez *eſpantado*.

Page 134. *canços*, liſez *çancos*.

Page 137. *deſpertado*, liſez *deſpierto*.

Page 140. *deſſoſſegar*, liſez *deſaſſoſſegar*.

Page 239. liſez la premiere ligne aprés la derniere.

Page 236. *el che leye*, liſez *el que leye*.

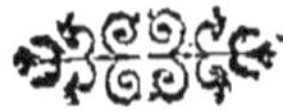

ā vj

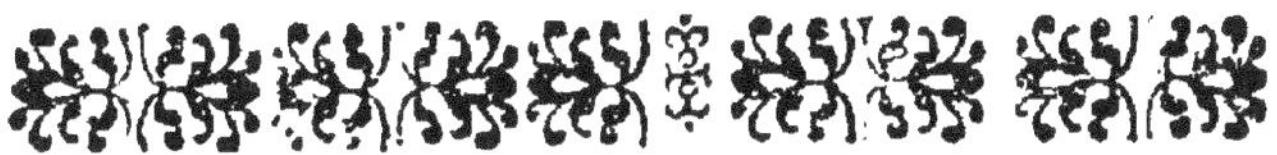

TRAITÉ
DE LA
PRONONCIATION.

LA Prononciation eſt vn art, ou ſcience de bien prononcer les mots d'vne Langue.

L'art ou ſcience de la belle prononciation conſiſte au ſon de chaque lettre, & à rendre quelques ſyllabes plus longues les vnes que les autres.

Ie reſeruc d'enſeigner les ſyllabes longues ou brefues dans la ſeconde impreſſion de ma Grammaire, m'étant contenté de mettre les accents ſur celles qui ſont les plus difficiles.

Mais pour le ſon des lettres ie feray en ſorte d'en donner la connoiſſance le plus clairement que ie pourray.

Il y a vingt-deux lettres dans la Langue Eſpagnole, à ſçauoir: *a*, *b*, *c*, *d*, *e*, *f*, *g*, *h*, *i*, *l*, *m*, *n*, *o*, *p*, *q*, *r*, *ſ*, *t*, *u*, *x*, *y*, *z*.

Les lettres font voyelles, ou confonnes.

Les voyelles font *a*, *e*, *i*, *o*, *u*.

y eſt vne lettre qui ſe met au lieu de
l'*i*, pour ſeruir d'ornement à l'orthographe.

Toutes les autres lettres s'appellent conſonnes, excepté que *h* eſt
vne lettre qui ſert auſſi d'ornement
aux voyelles, eſtant permis de la mettre, ou de ne la mettre pas, exemple :

auèr, ou *hauèr*.

De la Prononciation des voyelles.

Les voyelles ſe prononcent en E-
ſpagnol, de meſme comme en François, excepté que *e* & *o* ſe prononcent en ouurant vn peu moins la bouche.

j auec ſa longue queuë s'appelle
ſcióta, & ſe prononce par les naturels
Eſpagnols auec aſpiration bien plus
forte que *h* Françoiſe, mais bien plus
doucement que quelques maiſtres ne
diſent, exemple: les yeux, *los ojos,*

arreſtez-vous ſur le premier *o*, en aſpi-
rant ; comme *h* aſpirée, par le moyen
de voſtre bouche vn peu ouuerte, &
deſcendant doucement ſur la derniere
ſyllabe *os*,   *los o-hos.*

las oreias, liſez *las ore-has,*
dans l'eſpace de cette petite ligne qui
eſt entre *e* & *h*, donnez vn ſon tant
ſoit peu plus fort que l'*h* aſpirée des
François.

u voyelle ſe prononce comme *ou*,
exemple :

la püerta,   liſez *la poüerta.*
los guantes, liſez *los goüantes.*
Excepté

u voyelle aprés *g* & aprés *q*, ſe prononce comme en François : exemple.
que,   que.
guerra.   guerre.

Mais ſi *u* eſtant mis aprés le *g*, & le
q, eſt ſuiuy d'vn *a*, alors *u* ſe prononce comme *ou* : exemple.

gualdrápa , liſez *goüaldrapa.*
quadrilla , compagnie de gens, liſez *coüadrilla.*
excepté, *qualidad*, *quantidad*, *quaſi*;

lifez *calidad*, *cantidad*, *cafi*, dont l'orthographe eft meilleure.

De la Prononciation des con-
fonnes.

B fe prononce comme en François, excepté que quelques-vns écri-
uent *v* pour *b*, & *b* pour *v* ; mais
ceux qui font rigoureux obferuateurs
de l'orthographe, n'vfent que rarement de cette licence, & mettent vn
b quand il fe doit prononcer comme
vn *b* en François, & mettent vn *v*
lors qu'eftant deuant vne autre voyelle, il fe doit prononcer comme *v*
confonne des François, exemple : *sá-*
nana, drap de lit : celuy qui l'écriroit
auec vn *b sábana*, il n'orthographie-
roit pas bien, & celuy qui le prononceroit comme vn *b*, prononceroit
tres-mal : prenez donc garde à l'orthographe ancienne des bons liures
imprimez à Madrid, Seuille, Valla-
dolid, Burgos, Cordouë, & autres
villes de Andaloufie, & de la vieille
& nouuelle Caftille. Enfin fi l'Efpa-

gnol regne en France, comme l'Italien y a regné, ie vous marqueray tous les mots qu'il faut écrire, & prononcer ou par *b*, ou par *u*.

C deuant les voyelles se prononce comme en François, à sçauoir:

ca, *ce*, *ci*, *co*, *cu*.

cu, lisez *cou*.

Ca, *co*, *cu*, reçoiuent au bas entre les deux lettres vne virgule, que les Espagnols appellent *cedilla*, pour adoucir le son rude du *c* deuant *a*, à sçauoir *ça* : & l'accommoder à la prononciation douce du *c* deuant *e* ou *i* qui se prononce comme l'*s* au commencement des mots: exemple.

çancadilla, croc en iambe: où la premiere syllabe *çan* se prononce comme la premiere syllabe de santé, & la seconde syllabe *ca*, se prononce comme en François la premiere syllabe de (canon.)

Ch se prononce comme en François, mais il faut vn peu fortifier le *c*, comme s'il y auoit vn *d* deuant le *c*, exemple.

mucho, beaucoup,
lifez comme en François *moudcho*,
excepté quelques mots qui viennent
du Latin, & qui fe prononcent comme la premiere fyllabe de (querelle)
ou comme le *c* deuant *a*, *o*, *u*, à fçauoir,

cherubin,	lifez *querubin.*
choro,	lifez *coro.*
patriarcha,	lifez *patriarca.*
architectura,	lifez *arquitectura.*
monarcha,	lifez *monarca.*
architraue,	lifez *arquitraue.*
charidad.	lifez *caridad.*

De la prononciation du g.

G deuant *a* , *o* , *u*, fe prononce
comme en François,

g deuant *e*, ou *i*, fe prononce par
quelques-vns comme le (ch) François, exemple :

la muger, la femme,
ils prononcent *la mucher*, mais cette
prononciation n'eft pas en vfage dans
la cour de Madrid, car les veritables
Caftillans prononcent le *g* deuant *e*

& *i* comme vn demy *c* en ouurant la
bouche tant soit peu, mais plus fort
que l'on ne prononce pas en France
la (*h*) aspirée; de sorte que par le
moyen de ce demy *c*, ou plustost, de
h aspirée, il semble que l'on separe les
deux syllabes du mot que l'on prononce, exemple :

    la muger, prononcez *la muh-er*.

    gemir, lisez *h-emir*, & aspirez fort
l'*h* comme s'il y auoit vn demy *c*.

    gl, comme en François : exemple,
gloton, gourmand, glouton.

    güa, comme en Italien, à sçauoir
u voyelle : exemple, *guarir*, lisez
goüarir.

    gue comme en François,
    la guerra, la guerre.

Excepté.

agüelo,   lisez *agoüelo*, pere-grand.

agüero,   augure, prophetie.

antigüedad, antiquité.

cigüeña,   cigogne.

degüello,   ie coupe la gorge.

gueuo,   pour *hueuo*, œuf.

gueso,   pour *hueso*, os.

halagueño, mignard, flatteur.
pediguéño, importun, demandeur.
piguela, piege.
verguença, honte, pudeur, voile.
vnguento, onguent.
regueldo, temps preſent du verbe *regoldar*.

Remarquez auſſi que les verbes terminez en *guar* font au parfait definy
guè, & à la troiſiéme de l'imperatif
gue, & au conionctif *gue*, exemple:
de *menguar*.

ie diminuay,   *menguè*.
qu'il manque,   *mengue*.
que ie manque,   *mengue*.
dont les *u* ſont voyelles, & ſe prononcent comme *ou*.

Si aprés le *g* ſuit vne *n*, il faut prononcer le *g* comme en Latin, ſepa-
rant le *g* d'auec l'*n* : exemple.
magnificamente, liſez *mag-nificamente*.

gui comme en François, excepté
arguyr, reprendre, liſez *argoüyr*.

ll comme en François au mot de
fille, & de merueille, exemple :
marauilla, merueille.

ñ marquée de cette façon se prononce comme le *gn* François, exemple.

año, année,
comme le gn de agneau.

Qua comme en Italien, faisant *u*
voyelle, exemple.

quaderno, cayer, lisez *quoüaderno*.

Que comme en François, exemple:
quesada, talemouse, lisez *quesada*.

Qui, comme en François,

quixada, machoire, lisez *quic-ada*.

Ti se prononce comme ti François,
lors qu'il n'est pas suiuy de la voyelle
o, exemple:

tio, oncle.

lisez *tio*, comme en François la premiere syllabe de tirer, excepté quelques noms qui viennent du Latin,
qui pour estre mal orthographiez, ne
laissent pas d'auoir leur *t* comme s'ils
estoient écrits auec vn *c* seul, exemple: *action*, *lection*, qui se prononcent neantmoins comme *acion* & *lecion*, qui est leur bonne orthographe.

De la lettre x.

La lettre *x* a ſa prononciation telle-
ment conforme au *ge*, *gi* & au *j* appellé *ſcióta*, que les autheurs ne font
point de difficulté de les écrire les
vnes pour les autres, de ſorte que les
verbes qui terminent leurs infinitifs
en *ger* on les écrit au preſent en *jo*,
afin de conſeruer la rude prononciation de *ger* marquée par le *ge* : exemple.

eſroger,   choiſir.

eſcojo,   ie choiſis.

pour moy ie mets l'*x* deuant toutes
les voyelles, à ſçauoir *xa*, *xe*, *xi*,
xo, *xu*, & ie les prononce comme
par l'*j*, exemple ;

 tixeras, ciſeaux, liſez *tic heras*.

Quand vous ne trouuerez pas vn
mot dans le dictionnaire par *x*, cherchez le par le *j*, ou par le *ge*, ou *gi*,
exemple : vous trouuerez dans vn liure Eſpagnol *trabajo* ; ſi vous ne le
trouuez pas, il faut chercher par *x*,
trabaxo, trauail.

Vous trouuerez dans vn liure *tixeras*, si vous ne le trouuez pas écrit
dans le dictionnaire par *x*, cherchez
tigeras, ou *tijeras*, faites ainsi des
autres.

Toutefois i'obserue vne chose en
écriuant, de mettre deuant *e*, & deuant *i* plustost vn *g* que vn *x*, ou vn
j; & deuant *a*, *o*, *u*, ie mets quelquefois vn *j*, & quelquefois vn *x*, si ce
n'est que ma memoire me fournisse
de l'auoir leu dans les bons autheurs
par *x*, ou par *j*, desquels ie suis les
vestiges.

x deuant vne consonne comme en
François, exemple : *sexto*, lisez *seqsto*.

De la lettre z.

Z se prononce comme *c* deuant *e*,
ou *i* : de sorte que quand vous ne
trouuez pas vne parole dans le dictionnaire par le *z*, il la faut chercher
par le *ce*, ou *ci*, ou bien par le *c* auec
la cedille, à sçauoir *ça*, *ço*, *çu*; car
la cedille ne se doit iamais mettre
auec *ce*, *ci* : exemple.

çaherir, } reprocher.
Zaherir, }

Z deuant *e* & *i* se prononce donc comme *ce* & *ci*, exemple :

Zelemin picotin, lisez *celemin.*

zifrar chiffrer, lisez *cifrar.*

Z deuant *a*, *o*, *u*, comme ç auec la cedille ou virgule, exemple.

Zarçagan vent froid, lisez *çarçagan.*

zorra renarde, lisez *çorra.*

zuñir bourdonner, lisez *çouñir.*

GRAMMAIRE

GRAMMAIRE ESPAGNOLE.

De la Langue Espagnole.

L A Langue Espagnole est composée de neuf parties, à sçauoir , d'article , de nom , de pronom , de verbe , de participe , d'aduerbe , de preposition , d'interiection , & de conionction.

De l'Article.

L'article est definy , ou indefiny.

L'article definy accompagne le nom dont la signification marque vne chose definie & particuliere : exemple.

Habit du Roy.

du est article definy qui marque l'ha-

A

bit particulier d'vn Roy.

L'article indefiny accompagne le nom , dont la signification marque vne chose generale & indefinie: exemple :

Habit de Roy.

de est vn article indefiny , dont la signification comprend vn habit, qui peut conuenir à tous les Rois.

De l'article definy.

L'article definy est vne parole qui monstre en quel cas, en quel genre, & en quel nombre est le nom ou pronom qu'il accompagne : exemple.

el hermáno , le frere.

L'atticle *el* monstre que *hermano* est masculin.

L'article *el* monstre aussi que *hermano* est au singulier.

L'article *el* monstre encore que *hermano* est au nominatif, ou accusatif.

La Langue Espagnole a trois genres, le masculin, le feminin, & le neutre.

Elle a deux nombres, le singulier

qui conuient à vne feule chofe, & le
pluriel qui conuient à plufieurs.

La Langue Efpagnole n'a, à parler
nettement, que trois cas, à fçauoir,
nominatif, genitif, datif.

De forte que l'accufatif, vocatif,
& ablatif font compris dans le nominatif, genitif, ou datif : mais ce
font des fecrets que ie referue pour
mes bons efcoliers.

Des articles definis.

Il y a trois articles, à fçauoir,
el, pour le genre mafculin,
la, pour le genre feminin,
lo, pour le neutre.

L'article *el* fait au pluriel *los*.

L'article *la* fait au pluriel *las*.

L'article *lo* ne deuroit pas auoir de
pluriel, mais fi quelques-vns luy en
donnent, c'eft l'article mafculin *los*.

De l'article el.

L'article *el* fe met deuant tous les
noms mafculins qui commencent ou
par confonne, ou par voyelle : exemple.   A ij

el hombre,	l'homme.
el cuerpo,	le corps.
el ojo,	l'œil.
el oydo,	l'oreille.
el pecho,	la poitrine.
el dedo,	le doigt.
el sombrero,	le chapeau.
el ferreruelo,	le manteau.
el çapato,	le soulier.
el espejo,	le miroir.
el peine,	le peigne.
el apossento,	la maison.
el casamiento,	le mariage.
el mancebo,	le ieune homme.

Declinaison de l'article el.

Singulier.

Nominatif	le,	*el.*
Genitif	du,	*del.*
Datif	au,	*al.*

Los otros casos se diran verbalmente.

Pluriel.

Nominatif	les,	*los.*
Genitif	des,	*de los.*
Datif	aux,	*à los.*

L'article *el* se met encore deuant
les noms feminins qui commencent
par la voyelle *a* : exemple.

el abadéssa,	l'abesse.
el abeja,	l'abeille.
el água,	l'eau.
el ánima,	l'ame.
el áma,	la nourrisse.

El se met encore deuant les noms
feminins qui commencent par vn *e* :
exemple.

el estrella,	l'étoile.
el esfera,	la sphere.
el embidia,	l'enuie.
el escalera,	l'échele.

Mais il n'est pas ordinaire de mettre l'article *el* deuant les noms qui
commencent par *e*, comme deuant
ceux qui commencent par *a*, pour
euiter le mauuais son de l'article feminin *la*, deuant vn nom qui commence par *a* : exemple. *la ama*, il est
plus doux de dire *el ama*, mais on
pourroit dire *la áma*.

On dit *la antiguedad*, l'antiquité.

De l'article la.

Declinaison de l'article femi-nin la.

	Singulier.	
Nominatif	la,	*la.*
Genitif	de la,	*de la.*
Datif	à la,	*à la.*
	Pluriel.	
Nominatif	les,	*las.*
Genitif	des,	*de las.*
Datif	aux,	*à las.*

Declinaison de l'article neutre lo.

Nominatif	le,	*lo.*
Genitif	du,	*de lo.*
Datif	au	*a lo.*

Annotations sur les articles el, la, lo.

Vous remarquerez que *el* est quelquefois article, & quelquefois pronom : exemple.

el que diʒe,	celuy qui dit.
el enojo,	l'ennuy.

Le premier *el* eſt pronom.
Le ſecond *el* eſt article.
Le pronom a au pluriel *ellos.*
L'article a au pluriel *los.*

Annotations de l'article la.

La eſt quelquefois article, & quelquefois pronom demonſtratif : exemple.

la que deſſéa,	celle qui defire.
la cabeça,	la teſte.

Le premier *la,* eſt pronom.
Le ſecond *la,* eſt article.
La pronom a au pluriel *ellas.*
La article a au pluriel *las.*

Annotation de l'article neutre lo.

Lo eſt quelquefois article, & quelquefois pronom demonſtratif neutre : exemple.

lo que deſſeo,	ce que ie defire.
io lo hè leydo,	ie l'ay leu.

Le premier *lo*, eſt pronom.
Le ſecond *lo*, eſt article relatif.

De l'article indefiny.

L'article indefiny monſtre, comme
j'ay dit, la ſignification en general des
noms, comme l'article definy la monſtre en particulier : exemple.

Habit de Prelat.

de eſt vn article indefiny qui monſtre que c'eſt vn habit lequel peut
conuenir à tous les Prelats du monde.

Declinaiſon de l'article indefiny.

Il n'a que deux cas : exemple.
Genitif de, *de.*
Datif   à,   *à.*

L'article indefiny accompagne
non ſeulement les noms, & les pronoms, mais encore les infinitifs des
verbes, & aide à faire des aduerbes:
exemple.

de dia,	de iour.
de noche,	de nuit.
de mi,	de moy.
de ſi,	de luy.

de amar,	d'aimer.
de eſtudiar,	d'étudier.
de veras,	tout de bon.
de burlas.	par mocquerie.

De l'Apoſtrophe.

L'apoſtrophe eſt vne virgule à la teſte de deux lettres, laquelle ſignifie l'vnion d'vn article auec vn nom, ou pronom, ou verbe : exemple. D'aimer, d'étudier, i'ay dit *de amar*, *de eſtudiar*, car les Eſpagnols n'vſent point d'apoſtrophe en proſe, mais ſeulement en vers, pour la conſideration de la meſure des vers.

Ils ſe ſeruent neantmoins de l'vnion de deux mots en proſe, ſans vſer d'a-poſtrophe : exemple.

della,	d'elle.
deſto,	de cecy.
eſſotro,	cet autre.
eſſotra,	cette autre.

A v

DV NOM
seconde partie de la Cram-maire.

LE nom se diuise en substantif, ou en abiectif.

Le nom substantif est quelque chose que l'on nomme : exemple.

jardin, *huerta*,	iardin.
arbol,	arbre.
pera,	poire.
plata, *dinero*,	argent.

L'adiectif est aussi le nom de quelque chose, quel'on doit adiouster à vn substantif, sans lequel la signification de l'adiectif seroit imparfaite : exemple

jardin lindo.	iardin beau.

Iardin est le substantif qui signifie quelque chose.

Beaù est l'adiectif, dont la signification seroit imparfaite sans vn nom substantif.

De la difference du substantif & de l'adiectif.

Le substantif ne peut conuenir qu'à vne chose : exemple.

mesa, table.

Ie dis que table est vn substantif, parce que c'est vn nom qui ne peut pas estre donné à vne autre chose.

Mais l'adiectif peut conuenir à toutes les choses du monde : exemple *beau.*

Beau est adiectif, parce qu'il peut estre donné à quantité de choses.

lindo canallo, beau cheual.
lindo perro, beau chien.
lindo gato, beau chat.
lindo cuerpo, beau corps.

Enfin *beau* peut estre adiousté à tous les substantifs masculins.

Des noms substantifs.

Ie feray sept chapitres des noms substantifs.

Le premier de la terminaison.

Le second du genre.

Le troisiéme de la declinaison.

Le quatriéme des augmentatifs.

Le cinquiéme des diminutifs.

Le sixiéme des infinitifs des verbes, qui ont la force des noms substantifs.

Le septiéme de la maniere de trouuer les substantifs dans le Dictionnaire, & de les accommoder au discours.

De la terminaison.

CHAPITRE I.

Les noms substantifs Espagnols se terminent les vns en voyelles, les autres en consonnes.

Du Genre.

CHAPITRE II.

Le genre est masculin, ou féminin, ou neutre.

Le genre se connoist par les articles, ou par la terminaison.

Du Genre, par la terminaiſon des cinq voyelles a, e, i, o, u.

Des Noms terminez en a.

Les noms terminez en *a* ſont feminins : exemple.

la caſa,	la maiſon.
la cama,	le lit.
la meſa,	la table.
la ſilla,	le ſiege.
la naranja,	l'orange.

Excepté

el dia,	le iour
el planeta,	le planette.

Et tous les noms d'hommes ou d'offices appartenans aux hommes, comme

el proféta,	le prophete.
el caluiniſta,	le caluiniſte.
el jeſuiſta,	le ieſuiſte.
el papa,	le pape.

Tous les noms terminez en *a*, ſoit maſculins ou feminins, deuiennent pluriels par le moyen d'vne *s*. exemple.

el dia,	*los dias.*
el profeta,	*los profetas.*
la silla,	*las sillas.*
la naranja,	*las naranjas.*

Des noms terminez en e.

Tous les noms terminez en *e* font masculins : exemple.

el azeite,	l'huile.
el peyne,	le peigne.

Excepté

açúmbre,	pot à vin.
adárme,	dracme.
almágre,	craye.
anade,	canne.
aluayálde,	ceruse.
calámbre,	goute crampe.
calle,	chemin.
costumbre,	coustume.
creciente,	le croissant.
carne,	cher.
cumbre,	sommet.
corriente,	courant de l'eau.
dote,	dot, auantage.
espécie,	espece.
exambre,	essain d'abeilles.

frente,	front.
gente,	nation.
hambre,	faim.
lumbre,	lumiere.
leche	lait
liebre,	lieure.
liendre,	lende.
landre,	peste.
llaue,	clef.
muchedumbre,	multitude.
muerte,	mort.
mugre,	crasse.
menguante,	le decours.
nieue,	neige.
noche,	nuit.
nube,	nuage.
naue,	nauire.
postre,	le dessert.
puente,	pont.
podre,	apostume.
parte,	part,
sangre,	sang.
seruidumbre,	seruitude.
vistumbre,	éblouïssement.
serpiente,	serpent.

Tous les noms terminez en *e* soit

masculins, ou feminins, deuiennent
pluriels par le moyen d'vne *s*, exemple.

el padre,	*los padres.*
la madre,	*las madres.*

Quelques autheurs difent

el valle,	*& la valle,*	la vallée.
el dote,	*& la dote,*	la dot.

Des noms terminez en i, *ou* y.

Les noms terminez en *y* font mafculins : exemple.

el buey,	le bœuf.

Excepté

la ley,	la loy.
la grey,	le troupeau.

Les terminez en *y*, ou *i*, deuiennent pluriels par le moyen de *es* :
exemple.

la ley,	la loy.
las leyes,	les loix.

Excepté

vn marauedi,	vn denier.
dos marauedis,	deux deniers.

Des noms terminez en o.

Les noms terminez en *o* sont mas-culins : exemple.

el abúelo,	le pere-grand.
el hijo,	le fils.
el tio,	l'oncle.
el niéto,	petit fils.
el sobrino,	le neueu.
el hermáno,	le frere.
el primo,	le cousin.
el cugnádo,	le beau-frere.
el suégro,	le beau frere.
el yerno,	le gendre.
el padrino,	le parrain.
el ahijado,	le filleüil.
el compadre,	le compere.
el deudo,	le parent.

Excepté

la mano,	la main.
la náo,	la nauire.

Les pluriels se forment en adioû-tant *s.*

Des Noms terminez en u.

Les terminez en *u* font mafculins.
el efpiritu,   los efperitus.

Du Genre des noms fubftantifs terminez en confonnes.

Les noms , terminez en *d*, font
feminins lors qu'ils viennent du Latin
qui les termine en *tas*, *libertas*.
ou de l'Italien en *tà*, *libertà*.
ou du François en *té*, *liberté*.

la libertad,   la liberté.
la bondád,   la bonté.
la falúd,   la fanté.
la lid,   le procés.
la ciudad,   la ville.

Excepté

el andalíd,   conducteur.
el ardíd,   la rufe de guerre.
el ataud,   la biere de mort.
el laúd,   le lut.

Le pluriel des noms terminez en
confonnes fe forme en adiouftant
vne *e* & vne *s* : exemple.

la libertad,　　　las libertades.
el ardid,　　　los ardides.

Des Noms terminez en l.

Les noms terminez en *l* font mafculins : exemple.

el fol,　　　Le foleil.

Excepté

la canal,　　　le canal.
la cal,　　　la chaux.
la fanal,　　　le fanal.
la hiel,　　　le fiel.
la miel,　　　le miel.
la piel,　　　la peau.
la señal,　　　la trace.
la fal,　　　le fel.

Le pluriel fe forme en adiouflant
es.

la piel,　　　las pieles.
la canal,　　　las canales.

Des noms terminez en n.

Les noms terminez en *n* font mafculins : exemple.

el coraçon,　　　le cœur.
el fin,　　　la fin.

Excepté
la orden,	l'ordre:
la razon,	la raison.
la condicion,	la condition.

Et tous les noms, qui deriuent des noms François feminins terminez en *ion* : exemple.

admiracion, generacion, benedicion, corrupcion.

L'Espagnol les écrit toufiours auec vn *c*, & le François auec vn *t* : exemple.

adoracion,	adoration.

Le pluriel fe forme comme tous les autres terminez en confonne,

la adoracion,	*las adoraciones.*

Des noms terminez en r.

Les terminez en *r* font mafculins : exemple.

el lugar,	le lieu.
el dolor,	la douleur.

Excepté
la color,	la couleur.
la flor,	la fleur.
la mar,	la mer.

Mar eſtant ioint à des adiectifs de ſurnom eſt maſculin : exemple.

el mar verméjo, la mer rouge.

el mar océano, la mer oceane.

Les noms terminez en *s* ou *x* ſont maſculins : exemple.

el mes, le mois.

el relox, l'horloge.

Excepté

la trox, le grenier.

Remarquez que les noms terminez en *x* font leur pluriel changeant *x* en *ges* : exemple.

el relox, *los reloges.*

Les noms terminez en *z* ſont feminins : exemple.

la nariz, le nez.

la cruz, la croix.

la voz, la voix.

Excepté

el juez, le iuge.

el arcabuz arquebuſe.

el aueſtrús, auſtruche.

el capuz, manteau de deüil.

el orozuz, de la regueliſſe.

el buz, le remuëment des leures d'vn ſinge.

Le pluriel s'écrit quelquefois par
z, ou par c, ou par ſ : exemple.
la voz, las vozes, la voces, las voſes.

De la Declinaiſon de l'article deſiny.

Il y trois declinaiſons ſelon les trois
articles *el*, *la*, *lo*.

    Premiere Declinaiſon maſculine.
        Singulier.
Nominatif le frere,   *el hermano.*
Genitif   du frere, *del hermano.*
Datif   au frere, *al hermano.*
        Pluriel.
Nominatif les freres, *los hermanos.*
Genitif   des freres, *de los hermanos.*
Datif   aux freres, *a los hermanos.*

Declinez ainſi tous les noms ſuiuans, & tous les autres que ie ne mets
pas icy pour euiter d'eſtre ennuyeux.
el hombre,   l'homme.
el niño,   l'enfant.
el hijo,   le fils.
el ſeſſo,   le cerueau.
el cielo,   le ciel.

el vino,	le vin.
el hueuo,	l'œuf.
el cordéro,	l'agneau.
el carnéro,	le belier.
el cuerpo,	le corps.
el puerco,	le pourceau.
el queſo,	le fromage.
el apoſſento,	la chambre.
el fuego,	le feu.
el humo,	la fumée.

Declinaiſon de l'article fe-minin la.

Singulier.

Nominatif	la ſœur,	*la hermána.*
Genitif	de la ſœur,	*de la hermána.*
Datif	à la ſœur,	*à la hermána.*

Pluriel.

Nomin.	les ſœurs,	*las hermanas.*
Genitif	des ſœurs,	*de las hermanas.*
Datif	aux ſœurs,	*a las hermanas.*

Declinez ainſi tous les noms femi-nins, comme

la hija,	la fille.
la tia,	la tante.
la prima,	la couſine.

la sobrina,	la niepce.
la nieta,	la petite fille.
la esposa,	l'épouse.
la suegra,	la belle-mere.
la nuera.	la bru.
la cuñada,	la belle sœur.
la deuda,	la parente.
la comadre,	la commere.
la ahijada,	la filleule.
la parida,	l'accouchée.

Declinaison des noms feminins qui commencent par la voyelle a.

Singulier.

Nominatif	*el adarga*,	le bouclier.
Genitif	*del adarga*,	du bouclier.
Datif	*al adarga*,	au bouclier.

Pluriel.

Nomin.	*las adargas*,	les boucliers.
Genitif	*de las adargas*,	des boucliers.
Datif	*à las adargas*,	aux boucliers.

Decli-

Declinaison de l'article lo
qui accompagne les adiectifs, qui par cette vnion forment les neutres.

Nominatif le bon,   *lo bueno.*
Genitif   du bon, *de lo bueno.*
Datif   au bon, *à lo bueno.*

Les neutres n'ont point de pluriel; que si toutefois vous les y rencontrez, ce sont des adiectifs qui n'ont pas la force de neutre.

Annotations.

Ie n'ay mis dans la declinaison des noms que le nominatif, genitif, & datif, ie reserue à dire de viue voix à mes écoliers, les secrets qu'il y a à l'accusatif, vocatif, & ablatif.

Declinaison de l'article indefiny.

Il n'a point de nominatif en Espagnol.
Genitif de, *de.*
Datif   à,   *à.*
Remarquez que les noms d'vne signification generale, les noms appel-

B

latifs, les pronoms, les noms de villes se declinent par l'article indefiny.

Des augmentatifs.

CHAPITRE IV.

Les augmentatifs sont des noms
substantifs ainsi appellez , parce que
en augmentant d'vne syllabe les noms
dont ils sont deriuez, ils en augmen-
tent aussi la signification : exemple.

de *olla* , pot , marmite , *ollaza* ,
grande marmite.

de *ojo*, œil, *ojazo*, vn grand œil,
& *ojudo*, qui a de grands & gros yeux.

de *cuchillo*, cousteau, *cuchillon*, grand
cousteau, *cuchillazo*, méchant vilain
cousteau.

Des diminutifs.

CHAPITRE V.

Les diminutifs sont ainsi appellez,
parce qu'ils diminuënt la signification
des noms dont ils deriuent , encore
qu'ils soient augmentez d'vne syllabe
ou de deux : exemple.

de *hombre,* homme.
hombrezillo,
hombrezico, } petit homme.
humbreçuelo,

Les diminutifs dont se seruent les bons autheurs, representent deux choses; ou vne maniere de caresses & flaterie, ou vne maniere de mépris & mocquerie.

Les diminutifs de caresses & flateries sont,

de *juan, juanico,* ianot.
de *grande, grandezico,* grandelet.
niño, bonito, y bonico, vn ieune enfant, ioly & gentil.
de *lobo, lobito,* petit loup.

De sorte que les diminutifs *ito, ico* sont de caresses.

Les diminutifs de mépris & mocquerie sont,

de *muger,* femme.
mugercilla,
mugercica, } femmelette.
mugercita,
mugerçuela,
desorte que les *illo, üelo* sont de mépris. B ij

Il faut prononcer *u* voyelle,
boca, boquezuela, petite bouche ; li-
sez boquezu-ela.

Des infinitifs des verbes.
CHAPITRE VI.

LES infinitifs des verbes ont la force
& la vertu des noms substantifs masculins, ausquels on applique l'article
masculin *el :* mais on s'en sert plus ordinairement sans article. L'exemple
en est dans la Diane de *Monte major,*
liure second.

Péro no me estorua esto imaginar,
mais l'imagination de cela ne me dé-
tourne point.
où l'on voit clairement que l'infinitif
imaginar a la force de nom substantif.

Ie veux proposer encore vn autre
exemple d'vn celebre autheur Espagnol *Antonio de Gueuara*, dans la vie
de Marc Aurele Empereur.

Por cierto de tu pena tengo yo mucha
pena, y de tu marauillarte estoy muy
marauillado. En verité i'ay beaucoup

de peine de ta peine , & m'étonne
beaucoup de ton étonnement
où l'on voit que l'infinitif *marauil-*
lar a la force de nom substantif.

De la methode de trouuer les noms
substantifs, dans le dictionnaire
de feu monsieur Oudin , & d'en
faire des pluriels.

Chapitre VII.

Les noms substantifs ne se treuuent
pas dans les dictionnaires, si ce n'est
au singulier : exemple.
les tables, les cœurs.

Vous ne trouueriez donc pas ny *ta-*
bles , ny *cœurs* , parce que ce sont
des pluriels , car la lettre *s* monstre
que les substantifs François sont au
pluriel, excepté *temps , corps , dis-*
cours , & quelques autres qui sont
terminez en *s*, tant au singulier comme au pluriel.

Mais vous trouueriez table, *mesa* ;
cœur, *coraçon*, il faut donc raison-
ner ainsi ; *mesa* , est feminin , les

noms terminez en *a* forment leur pluriel en adiouſtant vn *s* , vous diriez donc *las meſas* , les tables : le cœur, *el coraçon* , les noms terminez en conſonne forment leurs pluriels en adiouſtant *es* ; vous diriez donc *los coraçones.*

Faites de tous les noms que vous trouuerez dans le dictionnaire terminez en voyelle , comme ie vous ay monſtré de *meſa.*

Faites des noms terminez en conſonne , comme ie vous ay monſtré de *coraçon* , excepté des terminez en *x* qui changent leur *x* en *ges* : exemple.

el carcax , *los carcages* , carquois, trouſſes à mettre les fleches.

Des adiectifs.

L'adiectif eſt le nom de quelque choſe que l'on adiouſte au nom ſubſtantif, ſans l'vnion & l'aide duquel la ſignification de l'adiectif ſeroit imparfaite : exemple.

muger hermoſa , femme belle. (femme) eſt le nom ſubſtantif.

(belle) est l'adiectif.

L'adiectif (belle) manqueroit de toute sa signification s'il n'estoit pas adiousté à vn substantif feminin.

Des noms adiectifs.

Ie feray sept chapitres des adiectifs, comme i'en ay fait sept des substantifs.

Le premier de la terminaison.

Le second du genre.

Le troisiéme de la declinaison.

Le quatriéme du comparatif.

Le cinquiéme du superlatif.

Le sixiéme des noms numeraux & ordinaux.

Le septiéme de la maniere de trouuer les noms adiectifs dans le diction- naire.

De la terminaison des adiectifs.

Chapitre I.

Les adiectifs sont terminez en voyel- les, ou en consonnes.

B iiij

Des adiectifs terminez en voyelles.

Il n'y a que deux sortes d'adiectifs terminez en voyelles, à sçauoir en *o*, ou en *e*.

Mais parce que les adiectifs doiuent s'accorder auec les substantifs en genre & en nombre, puisque vous ne les trouuez dans le dictionnaire que dans le masculin singulier, ie vous en apprendray la maniere & la terminaison à sçauoir,

Des adiectifs terminez en o.

o, pour le masculin singulier.
os, pour le masculin pluriel.
a, pour le feminin singulier.
as, pour le feminin pluriel.
Exemple.

largo,	long.
largos,	longs.
larga,	longue.
largas,	longues.

comedido,	respectueux.
comedidos,	respectueux.
comedida,	respectueuse.
comedidas,	respectueuses.

Des adiectifs terminez en e.

Les adiectifs terminez en *e* n'ont qu'vne terminaison pour le singulier, qui s'accorde auec le substantif, tant masculin que feminin : exemple

humilde hombre, homme humble.
humilde muger, femme humble.

Ils n'ont aussi qu'vne seule terminaison au pluriel, qui s'accorde auec le substantif tant masculin que feminin : exemple.

humildes hombres, hommes humbles.
humildes mugeres, femmes humbles.

Des adiectifs terminez en consonnes.

Il y en a de terminez en *l, n, r, s, z.* qui tous comme les adiectifs terminez en *e,* n'ont qu'vne terminaison au singulier, tant pour le substantif masculin, comme pour le feminin, & vne aufli pour le pluriel : exemple.

Singulier.

inutil hombre,	homme inutile.
inutil muger,	femme inutile.

Pluriel.

inutiles hombres,	hommes inutiles.
inutiles mugeres,	femmes inutiles.

Les autres adieℓtifs terminez en confonne fe doiuent accommoder de la mefme façon, comme

ruyn,	méchant, & méchante.
comun,	commun, & commune.
fingular,	fingulier, & finguliere.
cortes,	courtois, & courtoife.
pertinaz,	teftu, & teftuë.

& au plurier.

ruynes,	méchants, & méchantes.

Annotation.

Les adieℓtifs qui fignifient les gens d'vn royaume, d'vn païs, ou d'vne prouince, prennent vn *a* pour deuenir feminins : exemple. *Franzes*, *Francefa : Efpañol, Efpañola : Inglez, Ingleza.*

Annotations sur les terminaisons des adiectifs bueno, malo, grande, sancto, vno, & ciento.

Bueno estant mis deuant vn adiectif, doit perdre son *o* : exemple.
buen ánimo,   bon courage.
buen niño,   bon enfant.
   Bueno estant mis aprés vn adiectif,
ne se doit point diminuer : exemple.
ánimo bueno,   *niño bueno.*

De l'adiectif malo.

Malo garde la mesme regle : exemple.
mal ánimo,   *ánimo malo.*
mal niño,   *niño malo.*
   Bueno & *grande* ne souffrent
point de diminution au feminin, ny
au pluriel.

De l'adiectif grande.

Grande, estant mis deuant vn nom
masculin, ou feminin, qui commence par consonne, abrege les deux der-

nieres lettres : exemple.

gran sombrero,   grand chapeau.
gran sierra,   grande montagne.

Mais deuant les noms qui commencent par vne voyelle, il ne faut pas l'abbreger : exemple.

grande hijo,   fils grand.

De l'adiectif sancto.

Sancto estant mis deuant vn nom qui commence par consonne, abrege les trois dernieres lettres : exemple.

san Pedro,   saint Pierre.
san Thomas,   saint Thomas.
san Francisco,   saint François.

Excepté *sancto Domingo*, saint Dominique, que l'on n'abrege pas de mesme que ~~deuant~~ les noms qui commencent par vne voyelle : exemple.

Sancto Antonio.

Sancto Augustin.

Sancta Maria Egipcia, Sainte Marie Egyptienne.

Il faut dire *Sancta Catalina*, Sainte Catherine.

Sanɛta Margarita, Sainte Marguerite.

Les noms numeraux, *vno*, & *ciento*, doiuent eſtre abregez de cette façon :

vn hidalgo, vn gentil-homme.
vn Francez,   vn François.

el vno es Frances, *y el otro es Eſpañol* : l'vn eſt François, l'autre eſt Eſpagnol.

io os darè cien marauedis : ie vous donneray cent deniers.

quantos marauedis me dareis ? combien me donnerez vous de marauedis ?

io os dare ciento, ie vous en donneray cent.

Du genre des adiectifs.

CHAPITRE II.

Le genre des adiectifs eſt facile à connoiſtre, par le moyen des ſubſtantifs ; car on ne met iamais vn adiectif ſans eſtre accompagné d'vn ſubſtantif, autrement l'adiectif eſt du genre neutre.

De la declinaison des adiectifs.

CHAPITRE III.

Les adiectifs se declinent par les articles, à sçauoir, *el*, *la*, *lo*.

el decline les adiectifs qui accompagnent les noms substantifs masculins : exemple.

el niño hermosa, le beau petit garçon.

la decline les adiectifs qui accompagnent les noms substantifs feminins : exemple.

la niña hermosa, la belle petite fille.

lo decline les adiectifs seuls dont est composé le genre neutre : exemple.

lo hermoso,   le beau.
lo feo,   le laid.

Du comparatif.

CHAPITRE IV.

Le comparatif est vn adiectif, par le moyen duquel on compare vne chose auec vne autre, soit en la faisant plus grande par le moyen de *mas*, plus : ou bien en la faisant moindre par le moyen de *menos* : exemple.

mas ruyn que el diablo , plus méchant que le diable.

menos blanco que el açuzena , moins blanc que le lys.

Remarquez que le comparatif Espagnol se regle comme le comparatif François , sans gouuerner le genitif comme l'Italien , ny l'ablatif comme le Latin.

Il y a quatre comparatifs qui n'ont pas besoin des secours de *mas* , ny de *menos* .

mayor ,	plus grand , ou grande.
menor ,	moindre.
mejor ,	meilleur , ou meilleure.
peor ,	pire.

Du superlatif.

CHAPITRE V.

Le superlatif François n'est autre chose qu'vn adiectif , deuant lequel on met le mot de *tres* , & de l'vnion de ces deux paroles vous formez vn superlatif , qui eleue puissamment la

chofe à quoy vous l'adiouftez, & la
porte au deffus de toute comparaifon:
exemple

femme tres-belle, *muger muy linda.*
c'eft à dire, vne femme autant belle qu'il eft poffible de l'eftre.

Les Efpagnols forment leurs fuper-
latifs de deux façons : la premiere
comme le François en adioûtant *muy*
à l'adiectif.

muy, fignifie, tres, fort, bien :
exemple.

muy cortez, fort ciuil, tres-ciuil,
bien ciuil

La feconde à la maniere de l'Italien, changeant la derniere lettre de
l'adiectif en *iffimo* : exemple.
docto. docte, *doctiffimo*, tres-docte.

Il y a quelque irregulirité à caufe
de l'ortographe aux adiectifs terminez en *co*, ou en *go* : exemple.
rico, riche, *riquiffimo*, tres-riche.
largo, long, *larguiffimo*, tres-long.
& en ceux dont la penultiéme fyllabe eft formée de la diphthongue *ue* :
exemple.

bueno, boniſſimo, tres-bon.
nueuo, nouiſſimo, tres-nouueau.

Des noms numeraux.
CHAPITRE VI.

vno, vna, vnos, vnas.
deux,   *dos.*
trois,   *tres.*
quatre,   *quatro.*
cinq,   *cinco.*
ſix,   *ſeis.*
ſept,   *ſiéte.*
huit,   *ócho.*
neuf,   *nuéne.*
dix,   *diez.*
onze,   *onze.*
douze,   *dóze.*
treize,   *tréze.*
quatorze,   *catórze.*
quinze,   *quinze.*
ſeize,   *deziſeis,* ou *diez y ſeis.*
dix-ſept,   *deziſiéte, diez y ſiete.*
dix-huit,   *deziocho, diez y ocho.*
dix-neuf,   *dezinueue, diez y nueue.*
vingt,   *veynte.*
vingt & vn, *veynte y vno.*

vingt-deux,	*veynte y dos.*
trente,	*treynta.*
quarante,	*quarenta.*
cinquante,	*cincuenta.*
soixante,	*sesenta.*
soixante-dix,	*setenta.*
quatre vingt,	*ochenta.*
nonante,	*nouenta.*
cent,	*ciento*, ou *cien.*
cent & vn,	*ciento y vno.*
cent & deux,	*ciento y dos.*
deux cens,	*dozientos.*
trois cens,	*trezientos.*
quatre cens,	*quatrozientos.*
cinq cens,	*quinientos.*
six cens,	*seiscientos.*
sept cens,	*setecientos.*
huit cens,	*ochocientos.*
neuf cens,	*nouecientos.*
mille,	*mil.*
deux mille,	*dos mil.*
trois mille,	*tres mil.*
vn million,	*vn milion.*
deux millions,	*dos miliones.*

Annotations *sur les noms nume-*
raux.

Vno, deuant vn nom perd sa derniere lettre : exemple.

vn cauallo,	vn cheual.
vn hombre,	vn homme.

Lors qu'il n'est pas deuant vn nom,
dites *vno* : exemple.

el vno y el otro,	l'vn & l'autre.
veynte y vno,	vingt & vn.

vnos & vnas signifient quelques-
vns & quelques-vnes : exemple.

vnos perros,	quelques chiens.
vnos amigas,	quelques amies.

Ciento deuant vn nom substantif perd les deux dernieres lettres:
exemple.

cien peones,	cent fantassins.
cien caualleros,	cent caualiers.
cien amigos,	cent amis.

Lors qu'il n'est pas deuant vn nom,
dites *ciento* : exemple. *ciento y vno*,
cent & vn.

Cierto, a au pluriel *cientos* pour les
masculins, & *cientas* pour les feminins : exemple.

cientos hombres,   cent hommes.
cientas mugeres,   cent femmes.

Des noms ordinaux.

premier,   priméro.
second,   segúndo.
troisiéme,   tercéro.
quatriéme,   quarto,
cinquiéme,   quinto.
sixiéme,   sexto.
septiéme,   septimo, seténo.
huitiéme,   octauo,
neufuiéme,   nono, nouéno.
dixiéme,   dézimo.

Quelques-vns à la mode des Latins pourfuiuent en difant *vndézimo, duo-dézimo, dézimo tercio, décimo quar-to, decimo quinto, decimo octauo, decimo nono, vigéfimo, trigefimo, quadragefimo.*

Et quelques autres à la mode du François difent, chapitre onze, *capi-tulo onze, doze, treze, catorze, quinze,* &c. de laquelle maniere on vfe plus que de la maniere Latine ou Efpagnole, à fçauoir *seténo, noueno, dezéno, onzéno, dozeno, trezeno, quatorzeno, quinzeno, veynteno, treynteno, quaranténo, centeno,* &c. dernier, *último, ò poftréro.*

De la maniere de trouuer les adiectifs dans les dictionnaires.

CHAPITRE VII.

L'adiectif eftant vn mot qui s'adioufte à des fubftantifs, il doit auoir, comme i'ay dit, fes terminaifons, fes genres, fes nombres, & fes declinaifons pour faire vn accord parfait auec eux : mais parce que dans les diction-naires il y auroit vne trop grande quantité de paroles, fi l'on y mettoit les adiectifs auec toute leur fuite ; feu monfieur Oudin vn des plus accomplis Grammairiens du fiecle n'a mis les adiectifs que dans le genre mafculin, deforte que pour trouuer dans fon dictionnaire vn adiectif feminin fingulier, ou vn mafculin, ou feminin pluriels, vous auez befoin des lumie-res que ie vous donneray, à fçuaoir.

Ie veux chercher *bonne*, au lieu de bonne, cherche le maſculin, *bon*, & ie trouue *bueno* puis ie raiſonne ainſi ; les adiectifs terminez en *o* ont au feminin ſingulier *a*, ie dois donc dire *buena*, parce que les adiectifs terminez dans les dictionnaires en *o* marquent quatre terminaiſons.

bueno, bon, maſculin ſingulier.
buena, bonne, feminin ſingulier.
buenos, bons, maſculin pluriel.
buenas, bonnes, feminin pluriel.

Enfin on ne trouue point dans le dictionnaire *bonne*, ny *bons*, ny *bonnes*, mais ſeulement le maſculin *bon*, que vous pourriez ioindre à toute ſorte de ſubſtantifs, ſuiuant la regle que ie vous ay donnée.

Pour les adiectifs terminez en *e*, & ceux qui ſont terminez en conſonne, ils n'ont que deux terminaiſons, à ſçauoir vne pour le maſculin & feminin ſingulier, & vne pour le maſculin & feminin pluriel.

Deſorte que ſi vous deſiriez traduire en Eſpagnol *les filles humbles*, vous ne trouueriez pas *humbles*, qui eſt au pluriel ; il faudroit chercher *humble*, & vous trouueriez *humilde*, & puis raiſonner ainſi.

Les adiectifs terminez en *e* font leur pluriel tant maſculin que feminin en adiouſtant *s*, c'eſt pourquoy vous diriez fort bien.

las hijas humildes.

Exemple des adiectifs terminez en conſonne : *la fille méchante*, vous ne trouueriez pas méchante qui eſt vn adiectif feminin, il faudroit chercher *méchant*, & vous trouueriez *ruyn*, & puis raiſonner ainſi ; les adiectifs terminez en conſonne ont au ſingulier la meſme terminaiſon pour le maſculin & pour le feminin, c'eſt pourquoy vous diriez fort bien,

la hija ruyn,   la méchante fille.

Par le moyen de ces trois exemples, qui donnent toute la lumiere poſſible, tant des adiectifs terminez en *o*, que des adiectifs terminez en *e*, comme auſſi des adiectifs terminez en conſonne, vous reüſſirez facilement dans les autres adiectifs.

DV PRONOM.

partie

LE pronom , troisiéme ~~parole~~ de la Langue Espagnole, est vn mot qui tient la place d'vn nom, c'est à dire qui est mis au lieu d'vn nom pour en euiter la repetition : exemple.

Dieu aime les hommes, il prend plaisir d'estre auec eux.

La parole *il* est vn pronom qui tient la place, & se met au lieu de Dieu, pour euiter de dire;

Dieu aime les hommes, Dieu prend plaisir d'estre auec eux.

La parole *eux* est encore vn pronom qui se met au lieu d'hommes, pour en euiter la repetition qui seroit fort mauuaise en disant, *Dieu aime les hommes, il prend plaisir d'estre auec les hommes.*

' *De la diuision des pronoms.*

Ie diuise les pronoms en sept, à sçauoir personnels, possessifs, demonstratifs,

ſtratifs , relatifs, interrogatifs, conionctifs , & impropres.

Du pronom perſonnel.

Le pronom perſonnel marque vne
des trois perſonnes dont on ſe ſert
pour parler.

La premiere eſt celle qui parle, ie,
yo.

La ſeconde eſt celle à qui on parle,
tu, *tu.*

La troiſiéme eſt celle de qui on parle, il , *el.*

Et pour le genre feminin , elle ,
ella.

Pluriel.

nous,	*nos otros* , ou ,	*nos.*
vous,	*vos otros* , ou ,	*vos.*
ils,		*ellos.*
elles,		*ellas.*

Declinaiſon des pronoms perſonnels.

Les pronoms perſonnels ſe declinent par l'article indefiny, à ſçauoir:
de & *a.*

C

50 *Declinaison des pronoms personnels.*
Premiere personne.
Singulier.

Nominatif ie,			*yo.*
Genitif		de moy,	*de mi.*
Datif		à moy,		*à mi.*

Pluriel.

Nomin. nous,	*nos otros,*		ou *nos.*
Genitif	de nous,	*de nos otros,*	ou *nos.*
Datif		à nous,	*à nos otros,*		ou *nos.*

Declinaison de la seconde per-
sonne.

Singulier.

Nominatif tu,			*tu.*
Genitif		de toy,	*de ti.*
Datif		à toy,		*à ti.*

Pluriel.

Nomin. vous,	*vos otros,* ou *vos.*
Genif	de vous,	*de vos otros,* ou *vos.*
Datif		à vous,	*à vos otros,* ou *vos.*

Declinaison de la troisiéme per-
sonne.

Singulier.

Nominatif il,			*el.*
Genitif		de luy,	*del.*

Declinaison des pronoms personnels.

| Datif | à luy, | *à el.* |

Pluriel.

Nominatif	ils,	*ellos.*
Genitif	d'eux,	*dellos.*
Datif	à eux,	*à ellos.*

Declinaison du pronom personnel feminin.

Singulier.

Nominatif	elle,	*ella.*
Genitif	d'elle,	*della.*
Datif	à elle,	*à ella.*

Pluriel.

Nominatif	elles,	*ellas.*
Genitif	d'elles,	*dellas.*
Datif	à elles,	*à ellas.*

Du pronom personnel se.

Le pronom *se* est relatif non seulement de la troisiéme personne, mais encore de tous les noms substantifs tant masculins que feminins, c'est pourquoy il n'a point de nominatif.

Declinaison.

de soy, de luy, d'elle,	*de si.*
à soy, à luy, à elle,	
à eux, & à elles,	*à si.*

Et pour vne plus belle expression vous le deuez accompagner du pronom impropre, *mismo* : exemple.

de si mismo, de soy-mesme, de son bon gré.

de si propio, de soy-mesme.

propio, en Espagnol signifie mesme.

Du pronom possessif.

Le pronom possessif est vn mot qui monstre la possession de quelque chose : exemple.

mi cauallo, mon cheual.

Vous remarquerez qu'il y a trois sortes de pronoms possessifs, à sçauoir :

de ceux qui se mettent deuant les noms, comme,

mon cheual, *mi cauallo.*

de ceux qui se mettent aprés le nom, comme,

el cauallo mio.

de ceux qui se mettent seuls auec l'article *lo*, comme,

lo mio,	le mien.
lo tuyo,	le tien.
lo suyo,	le sien.
lo nueftro,	le noftre.
lo vueftro,	le voftre.

En fuite de cela vous remarquerez
que les pronoms poffeffifs mis deuant les noms fubftantifs, fe declinent
par l'article indefiny de mefme que
e François.

*Declinaifon du pronom poffeffif
mafculin.*

Singulier.

Nom.	mon cheual,	*mi cauallo.*
Gen.	demon cheual,	*de mi cauallo.*
Datif	à mon cheual,	*à mi cauallo.*

Pluriel.

Nom.	mes cheuaux,	*mis cauallos.*
Gen.	de mes cheuaux,	*de mis cauallos.*
Datif	à mes cheuaux,	*à mis cauallos.*

Declinaiſon du pronom poſſeſſif
feminin.

Singulier.

Nom. ma couſine,   *mi prima.*

Gen.   de ma couſine, *de mi prima.*

Datif à ma couſine, *à mi prima.*

Pluriel.

N. mes couſines,   *mis primas.*

G. de mes couſines, *de mis primas.*

D. à mes couſines, *à mis primas.*

De ſorte que *mi* eſt maſculin & feminin ſingulier, & le pluriel *mis* eſt maſculin & feminin.

Declinez ainſi.

tu primo,	ton couſin.
tu prima,	ta couſine.
tus primos,	tes couſins.
tus primas,	tes couſines.
ſu tio,	ſon oncle.
ſu tia,	ſa tante.
ſus tios,	ſes oncles.
ſus tias,	ſes tantes.

Ie reſerue d'expliquer de viue voix à mes écoliers quand *ſu* ſignifie leur, & *ſus* ſignifie leurs.

Vous prendrez garde encore que *nueſtro* , & *vueſtro* , ont quatre terminaiſons comme les adiectifs terminez en *o* : exemple.

nueſtro ſobrino ,	noſtre neueu.
nueſtra ſobrina ,	noſtre niepce.
nueſtros ſobrinos ,	nos neueux.
nueſtras ſobrinas ,	nos niepces.

Il eſt plus elegant de mettre les pronoms poſſeſſifs deuant les noms, que les mettre aprés : exemple.

nueſtro ſobrino eſt mieux dit que *el ſobrino nueſtro*.

Enfin quand on met le pronom poſſeſſif deuant le nom, il faut l'accompagner de l'article indefiny , & non pas de l'article definy , comme fait l'Italien : exemple.

De mon neueu ,
il faut dire *de mi ſobrino* , & non pas *del mio ſobrino* , & ainſi des autres.

de tu ſobrino ,	de ton neueu.
de ſu ſobrino ,	de ſon neueu.
de nueſtro ſobrino ,	de noſtre neueu.
de vueſtro ſobrino ,	de voſtre neueu.

Du pronom demonstratif.

Le pronom demonstratif demonstre quelque chose : exemple. *ce cheual*, *ce chien*, *cette chienne*.

Il y a quatre demonstratifs , à sçauoir, *el*, *esse*, *este* & *aquel*.

El est proprement vn pronom
personnel : quelques autheurs toutefois s'en seruent pour demonstratif,
principalement pour le neutre , ou
aduerbe.

ello, ce , ou , cela.

esse, demonstre vne chose proche.

este, monstre vne chose plus proche.

aquel, monstre vne chose éloignée.

Declinaison.

Nominatif *esse*,   ce, ou, celuy-cy.
Genitif   *desse*,   de celuy-cy.
Datif   *à esse*, à celuy-cy.
ne dites pas comme quelques-vns *de
esse*, mais tousiours *desse*.

Declinez ainsi le feminin *essa*, cette.
& le masculin pluriel   *essos*, ces.
& le feminin pluriel   *essas*, cettes.
& le neutre   *esso*, cela.

Declinaison de este.

Nominatif	*este,*	ce, cettuy-cy.
Genitif	*deste,*	de cettuy-cy.
Datif	*à este,*	à cettuy-cy.
declinez ainsi	*esta,*	cette-cy.
le masculin pluriel	*estos,*	ceux-cy.
le feminin pluriel	*estas,*	cette-cy.
& le neutre	*esto,*	ce, cela.

Declinaison de aquel.

Nominatif	*aquel,*	ce, celuy là
Genitif	*de aquel,*	de celuy là
Datif	*à aquel,*	à celuy là,
declinez ainsi	*aquella,*	celle-là,
le masculin pluriel	*aquellos,*	ceux-là,
le feminin pluriel	*aquellas*	celles-là,
& le neutre	*aquello,*	cela, ce.

Des pronoms relatifs.

Le pronom relatif se rapporte à vne chose dont on a parlé auparauant : exemple.

Les hommes sages que ie connois.

que est vn article relatif des hommes,

los hombres que conofco.

que eſt vn article relatif de *hombres.*

Il y a quatre pronoms relatifs, à ſçauoir, *qual, che, quién,* & *cúio.*

Qual ſe decline par l'article definy.

Singulier.

Nominatif *el qual,*   lequel.
Genitif   *del qual,* duquel.
Datif   *al qual,* auquel.

Pluriel.

Nominatif *los quales,*   leſquels.
Genitif   *de los quales,* deſquels.
Datif   *à los quales,* auſquels.

Declinaiſon de qual *feminin.*

Singulier.

Nominatif *la qual,*   laquelle.
Genitif   *de la qual,* de laquelle.
Datif   *à la qual.* à laquelle.

Pluriel.

Nominatif *las quales,*   leſquelles.
Genitif   *de las quales,* deſquelles.
Datif   *à las quales,* auſquelles.

Declinaison de qual *neutre.*

Nomin *lo qual,*　laquelle chose.
Genitif *de lo qual,*　de laquelle chose.
Datif　*à lo qual,*　à la quelle chose.

Du pronom relatif que.

Que signifie (qui) en François, &
a la mesme force que *qual*, dans le
masculin, le feminin & le neutre.

Du pronom quien.

Quien estant relatif se decline par
l'article indefiny à sçauoir,

Singulier.

Nominatif *quien,*　qui, lequel.
Genitif　*de quien,* de qui, duquel.
Datif　　*à quien,*　à qui, auquel.
Pluriel.
Nominatif *quienes,*　qui.
Genitif　　*de quienes,* de qui.
Datif　　　*à quienes,* à qui.

Quien n'est pas relatif sans l'article
indefiny, car il ne faut pas dire, *el ni-*
ño quien dà boces, l'enfant qui crie : il
faut dire, *el niño que dà voces,* ou

bien, *el niño el qual dà vozes.*

Quien, est quelquefois relatif &
demonstratif, & alors il gouuerne
deux verbes ; l'exemple est dans le
sieur Salazar.

*Bien es, que coma vn bocado, quien
hà tanta agua de beuer ;* il est bien
raisonnable que celuy-là mange vn
morceau, qui doit boire si grande
quantité d'eau.

Du pronom relatif cuyo.

cuyo,   dont, de qui,   duquel.
cuya,   dont, de qui,   de laquelle.
cuyos,   dont, de qui,   desquels.
cuyas,   dont, de qui,   desquelles.
Exemple.

*Estudiémos la Lengua Española,
cuyo lenguaje me agradá mucho ,*
étudions l'Espagnol dont l'idiome me
plaist beaucoup

*Mire V. M. el Frances , cuya gen-
tileza enamóra las damas ,* conside-
rez le François, dont la ciuilité donne de l'amour aux dames.

Leámos san Thomas cuyos libros son

doctißimos, lifons faint Thomas dont les liures font fort doctes.

Du pronom interrogatif.

Le pronom interrogatif fert pour interroger, & alors la periode ou de-my periode eft marquée du point in-terrogatif ainfi fait (?)

Il y a quatre pronoms interrogatifs, à fçauoir,

quien, *che*, *qual*, & *cuyo*.

quien, *che*, *qual* eftant mis fans ar-ticles, font prefque toufiours inter-rogatifs : exemple.

Che dize V. M que dites-vous ?

Che es lo que quiero ? qu'eft-ce que ie veux ?

Qual loco, ò qual loca me llama ? quel fol, ou quelle folle m'appelle?

Quien deſſea hablarme ? qu'eft-ce qui defire me parler ?

Cuyo es èſte fombréro ? à qui eft ce chapeau?

Cuya es la fortija ? à qui eft la ba-gue ?

Cuyos fon eſtos libros ? à qui font ces liures ?

Cuyas ſon las hijas? à qui ſont ces filles?

On doit répondre par le poſſeſſif, à ſçauoir.

es mio, tuyo, ſuyo, nueſtro, voſtro.
es mia, tuya, ſuya, nueſtra, vueſtra.
ſon mios, tuyos, ſuyos, nueſtros, vueſtros.
ſon mias, tuyas, ſuyas, nueſtras, vueſtras.

Que accompagne *tal* pour vne plus grande force d'interrogation : exéple.

Que tal ſe halla V. M. comme vous portez-vous?

Que accompagne *tanto* pour exprimer vne interrogation d'vn lieu ou temps vn peu éloigné : exemple.

Que tanto hà que partiò de Paris? combien y-a-il qu'il eſt party de Paris? Il faut répondre *dias hà*, il y a quelque temps : *poco hà*, il y a peu de temps.

Que tanto eſtà de Orleans à Bordeos, il faut répondre, *ochenta leguas*, quatre-vingts lieuës.

Que ſert d'ornement en pluſieurs autheurs : exemple.

Que paraque el vino la mañana, parce qu'il vint le matin : où l'on voit le premier *que* seruir d'ornement.

Des pronoms conionctifs.

Ie les appelle pronoms conionctifs parce qu'ils accompagnent & font conioints aux verbes, ou parce qu'ils conioignent vne seule personne par le moyen de deux mots : exemple.

io me huelgo, ie me réiouïs.

Ie comprends sous le mot de pronom conionctif, premierement ces petits pronoms qui font en quelque façon personnels & relatifs, à sçauoir :

me, *te*, *se*, *nos*, *vos* ou *os.*
Secondement les articles relatifs, à sçauoir :

lo, *los*, *la*, *las*, *le*, *les.*

Petits pronoms conionctifs.

me, signifie, me, m', moy.
te, te, t', toy.
se, se, s', luy, elle, eux.
nos, nous.

vos,	} vous.
os,	
lo,	le.
los,	les.
la,	la, ou luy.
las,	les, leurs.
le,	les, ou luy.
les,	leurs.

Ces pronoms conionctifs accompagnent toufiours les verbes, & fe mettent quelquefois deuant, & quelquefois aprés : il y a des autheurs qui les mettent indifferemment aprés tous les temps des verbes, mais ie dis qu'il faut feulement les metrre
aprés l'infinitif : exemple.

refpondérme. me répondre.
aprés le gerondif : exemple.

refpondiéndome, me répondant.
aprés le participe abfolu : exemple.

amádolo, l'ayant aimé.
aprés l'imperatif : exemple.

amame, aime-moy.

Annotation.

Les pronoms conionctifs feruent bien fouuent d'ornement aux verbes: exemple.

io me voy razonando, ie vais raifonnant.

Pour les articles relatifs il faut bien prendre garde à leur conftruction, principalement à *le*, & au pluriel *les*, quand ils fe mettent aprés les imperatifs : exemple.

refpondelde, répondez-luy, au lieu de dire, *refpondedle*.

dezilde, dites luy, au lieu de dire *dezidle*.

De forte que tous les verbes qui gouuernent le datif reçoiuent le pronom conionctif *le* au fingulier, & *les* au pluriel : exemple.

hablale, parle-luy, pour le mafculin & feminin.

hablales, parle-leurs, pour le mafculin & feminin : neantmoins au fingulier i'vfe pluftoft de *la* que de *le*, & ie trouuerois mieux dit *hablala*, par-

lez-luy, estant relatif d'vne femme,
que *háblale.*

Prenez encore garde lors que les
articles conionctifs se mettent
aprés l'infinitif, car au lieu de l'*r* de
l'infinitif, on double *l* de l'article :
exemple.

amalla, pour *amarla.*
respondelle, pour *responderle.*
& quand mesme il seroit écrit auec r
& *l,* il faut les prononcer auec deux *ll,*
de mesme que les deux *ll* de famille :
exemple.

sacarlas, lisez *sacallas,* les oster.

Remarquez les pronoms suiuans
ioints ensemble, où *se* est tousiours
mis le premier : exemple.

se me responde nada, on ne me ré-
pond rien.
se lo embiaré, ie le luy enuoyeray.
se la embiaras, tu la luy enuoyeras.
se le embiarà, on la luy enuoyera.
se los diò, il les luy donna.
se les diéron, ils les luy donnerent.

Des pronoms impropres.

I'appelle pronoms impropres ceux qui ne definiſſent pas les perſonnes dont on parle : exemple *tout*, *chaque*, *autre*, *quelqu'vn*, *perſonne ne*, *pas-vn ne*, *meſme*.

Du pronom todo *tout.*

todo,	tout.
todos,	tous.
toda,	tout.
todas,	toutes.

Du pronom cada *chaque.*

Cada accompagne touſiours le nom ſubſtantif, ſoit maſculin, ou feminin, exemple.

cada vez,	chaque fois.
cada momento,	chaque moment.
cada hora,	chaque heure.
cada dia,	chaque iour.
cada ſemana,	chaque ſemaine.
cada mes,	chaque mois.
cada año,	chaque année.
cada vno,	chacun.

cada qual,	quiconque.
cada sendos,	vn à chacun.
cada sendas,	vn à chacune.

Du pronom otro, *autre.*

otro mancebo,	autre ieune hóme.
otra manceba,	autre ieune fille.
otros mancebos,	autres ieunes hómes.
otras mancebas,	autres ieunes filles.

Du pronom alguno *quelqu'vn.*

Alguno, alguna, algunos, algunas.	
alguna vez.	que'quefois.
algun tiempo,	quelque temps.

Du pronom ninguno, *perſonne, pas-vn ne, aucun ne.*

Ninguno hombre biue contento, pas-vn homme ne vit content.

Ninguno eſt touſiours accompagné d'vn nom ſubſtantif : exemple.

ninguno hijo,	pas-vn fils.
ninguna hija,	pas vne fille.

Mais *nádie* ne ſe met iamais auec

des subſtantifs : exemple.

Nádie biue contento , perſonne ne vit content.

Nada eſt vn aduerbe qui ſignifie, (rien:) exemple.

no quiero nada, ie ne veux rien.

io eſtoy en nada , ie paſſe pour vn zero.

Du pronom miſmo.

Le pronom *miſmo* accompagne les noms & les pronoms perſonnels: exemple.

el rey miſmo ,	le roy meſme.
la reyna miſma ,	la reine meſme.
los reyes miſmos,	les rois meſmes.
las reynas miſmas,	les reines meſmes.

Exemple des pronoms.

io miſmo , ou *miſma*,	moy-meſme.
nos otros miſmos ,	nous meſmes.
nos otras miſmas .	nous-meſmes.

DV VERBE.

LE verbe, quatriéme partie de la Langue Espagnole, est vn mot qui signifie action de corps ou d'esprit : exemple.

Ie voy, ie parle, ie dors, ie boy.

Des accidens du verbe.

Il y a six accidens aux verbes, à sçauoir, coniugaison, mode, temps, personne, nombre, & accens.

Des coniugaisons.

Il y a trois coniugaisons seulement en Espagnol qui se connoissent par le moyen de la terminaison, à sçauoir :
la premier en *ar*, *llamar*, appeller.
la seconde en *er*, *beuer*, boire.
la troisiéme en *ir*, *biuir*, viure.

Des modes.

Il y a seulement quatre modes ou manieres de marquer les actions, à sçauoir.

Indicatif qui monstre, *ie boy.*
Imperatif qui commande, *boy.*
Conionctif qui ioint deux verbes, que *ie boiue.*
Infinitif, *boire.*

Des temps.

Il y a trois temps, le present, le passé, & l'auenir que l'on appelle ordinairement futur.

Des nombres.

Il y a deux nombres.
Le singulier qui parle d'vn, *tu appelles.*
Le pluriel qui parle de plusieurs, *vous appellez.*

Des personnes.

Les verbes ont trois personnes au singulier, & trois au pluriel.

Des accens.

Les Eſpagnols ont deux acccens, à ſçauoir vn en vertu, & l'autre en fi-gure.

De l'accent en vertu.

L'accent en vertu n'eſt pas marqué, neantmoins on doit s'arreſter vn peu ſur la voyelle ou conſonne ſur laquel-le il eſt; mais comme les Eſpagnols ne marquent pas volontiers les accens ſur les ſyllabes où il doit eſtre : ie me ſeruiray de deux accens, àſçauoir, d'vn qui tire de la main gauche à la main droite, que les Latins à l'imitation des Grecs appellent accent graue, ainſi marque (') duquel quelques au-theurs ſe ſeruent en le marquant ſur la derniere ſyllabe : exemple.

amarè, i'aimeray.

Mais il y a pluſieurs impreſſions qui ne s'en ſeruent point , de ſorte qu'il faut eſtre fort experimenté dans la le-cture des liures pour les ſçauoir re-connoiſtre. Enfin eſtant fort impor-tant

tant aux écoliers de ſçauoir l'accent
des paroles , ſoit qu'il ſoit en vertu
ou en figure, i'ay iugé à propos principalement dans toutes les perſonnes
des verbes , d'appliquer vn accent,
ſoit que vous l'appelliez en figure, ou
en vertu

Celuy-là en figure, & duquel la pluſpart des bons autheurs ſe ſeruent, eſt
marqué, comme i'ay dit, par vne ligne qui prend de la main gauche à la
main droite ainſi fait (`).

amè,   i'aimay.
hablè,   ie parlay.

L'autre accent en vertu , & duquel
les autheurs ne ſe ſeruent iamais, ſera
repreſenté dans la plus part des perſonnes des verbes , par le moyen d'v-
ne ligne tendente de la main droite à
la main gauche, que les Grecs ont appellé accent aigu , fait ainſi (́).

De la diuiſion des verbes.

Ie diuiſe les verbes en auxiliaires,
actifs, paſſifs, irreguliers & imperſonnels.

D

Des verbes auxiliaires.

La Langue Espagnole a quatre verbes auxiliaires, à sçauoir deux des actifs ; & deux des passifs.

Les deux auxiliaires des actifs sont *hauer* & *tener*.

Les deux auxiliaires des passifs sont *ser* & *estar*.

Enfin comme les verbes actifs sont plus necessaires que les verbes passifs, ie coniugueray premierement les deux auxiliaires des actifs , & aprés auoir mis les trois coniugaisons des actifs, ie parleray des verbes passifs; & en suite de cela i'enseigneray à coniuguer methodiquement les verbes irreguliers des trois coniugaisons , & puis les verbes impersonnels.

Coniugaison du verbe hauer,
auoir.

Indicatif.

Temps present.
Singulier.

i'ay,	*io hè.*
tu as,	*tu has.*
il a,	*el hà.*

Pluriel.

nous auons,	*nos otros hauémos.*
vous auez,	*vos otros haueys.*
ils ont,	*ellos han.*

Annotation.

Comme il est permis de mettre les
pronoms personnels deuant les verbes, ou de ne les mettre pas, ie iuge
à propos de les sous-entendre quelquefois à l'imitation du Latin.

Temps imparfait.
Singulier.

i'auois,	*auía.*
tu auois,	*auías.*

Du verbe hauer.

il auoit,	*auia.*

Pluriel.

nous auions,	*auiamos.*
vous auiez,	*hauiades.*
ils auoient,	*hauian.*

Parfait definy.

Singulier.

i'eus,	*húue.*
tu eus,	*huuiste.*
il eut,	*húno.*

Pluriel.

nous eusmes,	*huuimos.*
vous eustes,	*huuistes.*
ils eurent,	*huuiéron.*

Parfait composé indefiny.

Singulier.

i'ay eu,	*he hauido.*
tu as eu,	*hàs hauido.*
il a eu,	*hà hauido.*

Pluriel.

nous auons eu,	*hauémos hauido.*
vous auez eu,	*hauéys hauido.*
ils ont eu,	*han hauido.*

Plusque parfait.

Singulier.

j'auois eu,	*auia hauido.*
tu auois eu,	*auias hauido,*
il auoit eu,	*auia auido.*

Pluriel.

nous auions eu,	*hauiamos hauido.*
vous auiez eu,	*hauiades hauido.*
ils auoient eu,	*hauian hauido.*

Futur.

Singulier.

j'auray,	*haurè.*
tu auras,	*hauràs.*
il aura,	*haura.*

Pluriel.

nous aurons,	*haurémos.*
vous aurez,	*hauréys.*
ils auront,	*hauràn.*

Temps incertain.

Singulier.

j'aurois,	*hauria.*
tu aurois,	*haurias.*
il auroit,	*hauria.*

Pluriel.

nous aurions,	*hauríamos.*
vous auriez ,	*hauriades.*
ils auroient,	*haurian.*

Imperatif.

Singulier.

| aye , | *haue.* |
| qu'il ait , | *háya.* |

Pluriel.

ayons.	*ayámos.*
ayez ,	*hauèd.*
qu'ils ayent ,	*áyan.*

Conionctif & Optatif.

Prefent.

Singulier.

que i'aye ,	*que áya.*
que tu ayes ,	*que áyas.*
qu'il ait ,	*que áya.*

Pluriel.

que nous ayons ,	*que ayámos.*
que vous ayez ,	*que ayáis.*
qu'ils ayent ,	*que áyan.*

Imparfait.

Singulier.

que i'euſſe,	*que huuiéſſe.*
que tu euſſes,	*que huuiéſſes.*
qu'il euſt,	*que huuiéſſe.*

Pluriel.

que nous euſſions	*que huuiéſſemos.*
que vous euſſiez,	*que huuiéſſedes.*
qu'ils euſſent,	*que huuiéſſen.*

Parfait compoſé

du preſent du conionctif, & du participe *hauido.*

que i'aye eu, *que áya hauido.*

Pluſque parfait.

Singulier.

que i'euſſe eu,	*que huuiéra.*
que tu euſſes eu,	*que huuiéras.*
qu'il euſt eu,	*que huuiéra.*

Pluriel.

que nous euſſions eu,	*que huuiéramos.*
que vous euſſiez eu,	*que huuiérades.*
qu'ils euſſent eu.	*que huuiéran.*

Futur.

quand i'auray,   *quando huuiére.*
quand tu auras,   *quando huuiéres.*
quand il aura,   *quando huuiére.*

Pluriel.

quãd nous aurons, *quando huuiéremos.*
quand vous aurez, *quando huuiéredes.*
quand ils auront *quando huuiéren.*

Infinitif.

auoir,   *hauer.*

Participe.

eu,   *hauída.*

Gerondif.

en ayant,   *hauiendo.*

Subſtantif.

los hauères,   les richeſſes.

Annotations.

Vous remarquerez premierement
que le verbe *hauer,* s'écrit indiferem-
ment ou par *h,* ou ſans *h.*

I'ay dit auſſi qu'il y a deux auxiliaires des verbes actifs, à ſçauoir *tener*
& *hauer*.

Le verbe *hauer* aide à coniuguer
tous les temps compoſez des verbes a-
ctifs : exemple.

io he leydo los libros de Cyro, i'ay
leu les liures de Cyrus.

*nos otros auemos recebido las cartas
de V. M.* nous auons receu vos lettres.

Prenez donc bien garde à dire *recebido*, & non pas *recebidas* ; ca l'Eſpagnol ne change iamais ſon participe
ſingulier ſuiuy du verbe *hauer*, ſoit
que le nom qui le ſuit ſoit feminin
ſingulier, ou maſculin, ou feminin
pluriels, n'imitant pas en cela l'Italien, qui diroit *noi habbiamo riceuu-
te le lettere di V. S.*

Remarquez encore que le verbe
hauer auec la propoſition *de*, ſignifie (deuoir,) exemple.

ie te dois dire, *io hè de dezirte*.

Mais ſi vous mettez le verbe *hauer*
par interrogation, ou ſans interroga-

tion, aprés les verbes, il n'eſt pas beſoin de mettre la prepoſition *de* : e-
xemple.

 dezirte hè, ie te dois dire.

 hareys me bien, me ferez-vous du
bien ?

 Quand au verbe *tener* il ſignifie auſſi (auoir,) mais il n'accompagne que
rarement les participes des verbes
actifs, de ſorte qu'il eſt à propos de
le mettre auec les noms ſubſtantifs
ſeulement : exemple.

 i'ay grande honte, *tengo gran verguença*.

 i'ay faim, *tengo hambre*.

 i'ay peur *tengo miedo*.

 i'ay des ſoins exceſſifs , *tengo deſ-
maſiados cuydados.*

Coniugaison du verbe tener *auxiliaire des actifs, mais particulierement des noms substantifs.*

Indicatif.

Temps present.

Singulier.

j'ay,	*tengo*
tu as,	*tiénes.*
il a,	*tiéne.*

Pluriel.

nous auons,	*tenémos.*
vous auez,	*tenéys.*
ils ont,	*tiénen.*

Imparfait.

Singulier.

j'auois,	*tenía.*
tu auois,	*tenías.*
il auoit.	*tenía.*

Pluriel.

nous auions,	*teníamos.*
vous auiez.	*teníades.*
ils auoient.	*tenían.*

Parfait definy.

Singulier.

j'eus,   *túue,*
tu eus,   *tuuiſte.*
il euſt,   *túuo.*

Pluriel.

nous euſmes,   *tuuímos.*
vous euſtes,   *tuuiſtes.*
ils eurent,   *tuuieron.*

Parfait composé.

j'ay eu,   *io hè tenido.*

Le reſte de ce temps ſe coniugue comme le parfait compoſé du verbe *hauer*, en diſant *tenido* au lieu de *auido.*

Pluſque parfait.

j'auois eu,   *hauia tenido.*

Le reſte comme le pluſque parfait du verbe *hauer*, diſant *tenido* au lieu de *hauido.*

Futur.

Singulier.

i'auray,	*tendrè , ternè , &c.*
tu auras,	*tendràs.*
il aura,	*tendrà.*

Pluriel.

nous aurons,	*tendrémos.*
vous aurez ,	*tendréys*
ils auront,	*tendràn.*

Temps incertain.

Singulier.

i'aurois ,	*tendría, ternía, &c.*
tu aurois ,	*tendrías.*
il auroit ,	*tendría.*

Pluriel.

nous aurions,	*tendríamos.*
vous auriez,	*tendríades.*
ils auroient ,	*tendrían.*

Imperatif.

Singulier.

tiens,	*ten.*
qu'il tienne,	*ténga.*

Pluriel.

tenons,	tengámos.
tenez,	tenéd.
qu'ils tiennent,	tengan.

Optatif & Conionctif.

Present.

Singulier.

encore que	aunque
ie tienne,	tenga.
tu tiennes,	tengas.
il tienne,	tenga.

Pluriel.

nous tenions,	tengámos.
vous teniez,	tengáys.
ils tiennent,	téngan.

Imparfait.

Singulier.

que i'eusse,	tuuiésse.
tu eusses,	tuuiésses.
il eust,	tuuiésse.

Pluriel.

nous eussions,	tuuiéssemos.
vous eussiez,	tuuiéssedes.

ils euſſent,　　　　tuvieſſen.

Parfait compoſé.

Singulier.

que i'aye eu,　　　que aya tenido.

Pluſque parfait.

Singulier.

que i'euſſe eu,　　tuviéra.
que tu euſſes eu,　tuviéras.
il euſt eu,　　　　tuviéra.

Pluriel.

nous euſſions eu,　tuviéramos.
vous euſſiez eu,　　tuviérades.
ils euſſent eu,　　　tuviéran.

Futur.

Singulier.

quand i'auray,　　quando tuviére.
tu auras,　　　　　tuviéres.
il aura,　　　　　　tuviére.

Pluriel.

nous aurons,　　　tuviéremos.
vous aurez,　　　　tuviéredes.
ils auront,　　　　　tuviéren.

Infinitif

auoir, tenir,   *tener.*

Participe.

eu,   *tenido.*

Gerondif.

en ayant,   *teniendo.*

Annotations.

Il faut premierement remarquer que *tener* estant auxiliaire des actifs, demande que les participes s'accordent en genre & en nombre auec les noms à qui ils se rapportent : exemple.

las cartas que tengo escritas , les lettres que i'ay escrites.

Au lieu que si l'on se seruoit du verbe *hauer*, il faudroit dire,

las cartas que io hè escrito.

Mais *tener* est plus propre à estre appliqué auec les noms substantifs : exemple.

túue sed , y hambre, i'eus soif & faim.

tengo compassion à *V. M.* ie vous plains.

tengo buena fama, ie suis en bonne reputation.

tengo por bien, ie treuue bon.

tengo por mai, ie ne treuue pas bon.

no teneys que hazer, n'auez-vous rien à faire.

no tendra razon, il n'aura pas raison.

no tengo gana de beuer, ie n'ay pas enuie de boire.

no tengo cuenta deste, ie ne me soucie pas de cela.

tendra mis vezes, il sera en ma place.

io me tengo al Rey y à la Iusticia, i'obeïs au Roy & à la Iustice

tengo en mucho sus bondades, ie fais grand estat de sa bonté.

tuuo nouenas à la sancta Espina, il fit des neufaines à la sainte Espine.

soy teniente de oydos, ie suis dur d'oreille.

soy teniente de Rey, ie suis lieutenant de Roy.

Du verbe actif.

LE verbe actif est vn mot qui marque & represente vne action, exemple : *ie prens*, *ie réponds*, *i'adiouste*

Des verbes actifs.

Il y a trois sortes de verbes actifs que ie reduis à trois coniugaisons, selon les trois differens infinitifs : à sçauoir.

La premier en *ar*, prendre, *tomar.*

La seconde en *er*, répondre, *responder*

La troisiéme en *ir*, adiouster *añadir.*

Premiere coniugaison.

Le present des verbes reguliers se forme de l'infinitif, en ostant les deux dernieres lettres, & mettant en leur place vn *o*, ie prens *tomo* : ie réponds, *respondo* : i'adiouste, *añado.*

ie p
tu p
il p

nou
vo
ils
E
tins
nor
vos
des
& l
vos
cen
en
aut
to
son
pou
mie

Indicatif.

Temps present.

Singulier,

ie prens,	*io tómo.*
tu prens,	*tu tómas.*
il prend,	*el tóma.*

Pluriel.

nous prenons,	*nos otros tomámos.*
vous prenez,	*vos otros tomays.*
ils prennent,	*ellos toman.*

Eſtant permis, à l'exemple des Latins & des Italiens, de mettre les pronoms perſonnels *io*, *tu*, *el*, *nos otros*, *vos otros*, *ellos* deuant les perſonnes des verbes, ou de ne les pas mettre & les ſous-entendre, ie laiſſe cela à voſtre choix, excepté au commencement d'vn diſcours, lors que l'on eſt en doute d'vne perſonne qui en a vne autre égale : exemple.

tomáua, repreſente la premiere perſonne & la troiſiéme de l'imparfait ; pour les diſtinguer il faut dire à la premiere *io tomáua* : neantmoins quel-

ques autheurs ne prennent pas la peine de les exprimer.

Temps imparfait.

Singulier.

ie prenois,	*io tomáua.*
tu prenois,	*tomáuas.*
il prenoir,	*tomáua.*

Pluriel

nous prenions,	*tomáuamos.*
vous preniez,	*tomáuades.*
ils prenoient,	*tomáuan.*

Parfait definy.

Singulier.

ie pris,	*tomè.*
tu pris.	*tomaſta.*
il prit,	*tomò.*

Pluriel.

nous priſmes,	*tomámos.*
vous priſtes,	*tomáſtes.*
ils prirent,	*tomáron.*

Parfait compoſé.

Singulier.

| i'ay pris, | *hè tomádo.* |

tu as pris,　　　　　　*has tomado.*
il a pris,　　　　　　　*hà tomado.*

Pluriel.

nous auons pris,　　*hauémos tomado.*
vous auez pris.　　　*hauéys tomado.*
ils ont pris,　　　　　*han tomado.*

Plusque parfait.

Singulier

i'auois pris,　　　　　*hauia tomado.*
tu auois pris,　　　　*auias tomado.*
il auoit pris.　　　　　*auia tomado.*

Pluriel.

nous auions pris,　　*auiamos tomado.*
vous auiez pris,　　　*hauiades tomado.*
ils auoient pris,　　　*auian tomado.*

Futur.

Singulier.

ie prendray,　　　　*tomare.*
tu prendras,　　　　*tomaràs.*
il prendra,　　　　　*tomarà.*

Pluriel.

nous prendrons,　　*tomarémos.*
vous prendrez,　　　*tomaréys.*
ils prendront,　　　　*tomaràn.*

Temps incertain.

Singulier.

ie prendrois,	*tomaría.*
tu prendrois,	*tomarías.*
il prendroit,	*tomaría.*

Pluriel

nous prendrions,	*tomaríamos.*
vous prendriez,	*tomariades.*
ils prendroient,	*tomarian.*

Imperatif.

Singulier.

prens,	*tóma.*
qu'il prenne,	*tóme.*

Pluriel.

prenons,	*tomémos.*
prenez,	*tomàd.*
qu'ils prennent,	*tómen.*

Conionctif.

Prefent.

Singulier.

que ie prenne,	*que tóme.*
que tu prennes,	*que tómes.*

qu'il prenne,   *que tóme.*

Pluriel.

que nous prenions, *que tomémos.*
que vous prenniez, *que tomeys.*
qu'ils prennent,   *que tomen.*

Imparfait.

Singulier.

que ie prisse,   *que tomasse.*
que tu prisses,   *que tomasses*
qu'il prist,   *que tomasse.*

Pluriel.

que nous prissions, *qu tomássemos.*
que vous prissiez, *que tormassedes.*
qu'ils prissent,   *que tomassen.*

Parfait composé.

que i'aye pris,   *que aya tomado*, &c.

Plusque parfait.

Singulier.

que i'eusse pris,   *que tomára.*
que tu esses pris, *que tomáras.*
qu'il eust pris,   *que tomára.*

Pluriel.

que nous eussiós pris, *que tomáramos.*

que voùs eussiez pris, *que tomárades.*
qu'ils eussent pris,   *que tomaran.*

Futur.

Singulier.

quand ie prendray, *quando tomare.*
tu prendras,   *tomares.*
il prendra,   *tomáre.*

Pluriel.

nous prendrons.   *tomáremos.*
vous prendrez,   *tomáredes.*
ils prendront,   *tomáren.*

Infinitif.

prendre ,   *tomar.*

Participe.

pris,   *tomádo.*
prise,   *tomáda.*
pris,   *tomádos.*
prises,   *tomádas.*

Gerondif.

en prenant,   *tomándo.*

Subſtantifs

toma , y tomadura , y tomamiento: priſe , capture.

tomo, priſe valeur , ſubſtance, moment.

eſte libro es de tomo , ce liure eſt de conſequence.

tomares y dares , priſes & données, conteſtations d'vne part & dautre.

Annotations.

tomar en prendas , prendre en gage.
tomar preſtádo , emprunter.
tomo à logro , ie prends à vſure.
tomar à manos , venir aux mains.
tomar la con alguno , prendre diſpute auec quelqu'vn

tomar tiento , voir quelque iour aux affaires.

tomar la voz , prendre langue, s'informer.

tomar tierra por armas , prendre par force vne ville.

tomar à traycion , prendre par trahiſon.

E

tomar caſa à deſtajo, prendre vne
maiſon à taſche, c'eſt à dire entreprendre à la baſtir pour vn certain prix.

tomo à mi cargo, ie prends à mes
riſques.

tomar el pulſo, tâter le pouls.

tomo à buena parte, ie prends en
bonne part.

Seconde coniugaiſon.

Les verbes de la ſeconde coniugaiſon ſont terminez en *er* : exemple,
reſponder, leer, creer, ver.

Indicatif.

Temps preſent.

Singulier.

ie répons,	*reſpóndo.*
tu répons,	*reſpóndes.*
il répond,	*reſpónde.*

Pluriel.

nous répondons,	*roſpondémos.*
vous répondez,	*reſpondéys.*
ils répondent,	*reſpónden.*

Imparfait.

Singulier.

ie répondois,   *respondía.*
tu répondois,   *respondías.*
il répondoit,   *respondía.*

Pluriel.

nous répondions, *respondíamos.*
vous répondiez, *respondíades.*
ils répondoient, *respondían.*

Parfait desiny.

Singulier.

ie répondis,   *respondì.*
tu répondis,   *respondiste.*
ils répondit,   *respondiò.*

Pluriel.

nous répondismes, *respondímos.*
vous répondites, *respondistes.*
ils répondirent, *respondiéron.*

Prenez garde que *respondiéron* forme l'imparfait, le plusque parfait,
& le futur du conionctif, à sçauoir,
respondiesse , *respondiéra* , & *respondiére.*

Parfait composé.

i'ay répondu,   hè respondido.
& le reste comme au verbe *tomar.*

Futur.

Singulier.

ie répondray,   responderé.
tu répondras,   responderàs.
il répondra,   responderà.

Pluriel

nous répondrons, responderémos.
vous répondrez,   respondereýs.
ils répondront,   responderàn.

Temps incertain.

Singulier.

ie répondrois,   responderìa.
tu répondrois,   responderìas.
il répondroit,   responderìa.

Pluriel.

nous répondrions, responderìamos.
vous répondriez,   responderìades.
ils répondroient,   responderìan.

Imperatif.

Singulier.

réponds ,   *reſponde.*
qu'il réponde ,   *reſponda.*

Pluriel

répondons ,   *reſpondímos.*
répondez ,   *reſpondèd ,*
qu'ils répondent,   *reſpóndan.*

Conionctif.

Temps preſent.

Singulier.

que ie réponde.   *que reſpónda.*
que tu répondes , *que reſpóndas.*
qu'il réponde ,   *que reſpónda.*

Pluriel.

que nous répódions, *que reſpondámos.*
que vous répondiez, *que reſpondáys.*
qu'ils répondent , *que reſpóndan.*

Imparfait.

Il ſe ſorme de *reſpondierſon* en changeant *ron* en *ſſe.*

E iij

Singulier.

que ie répondiſſe, *reſpondiéſſe.*
tu répondiſſes,   *reſpondiéſſes.*
il répondiſt,   *reſpondieſſe.*

Pluriel.

nous répódiſſions, *reſpondiéſſemos.*
vous répondiſſiez, *reſpondiéſſedes.*
ils répondiſſent,   *reſpondiéſſen.*

Parfait compoſé.

que i'aye répondu, *que áya reſpondido,*
&c.

Pluſque parfait.

Singulier.

que i'euſſe répondu, *que reſpondiéra.*
tu euſſes répondu,   *reſpondiéras.*
il euſt répondu,   *reſpondiéra.*

Pluriel.

nous euſſions répódu, *reſpondiéramos.*
vous euſſiez répondu, *reſpondiérades.*
ils euſſent répondu, *reſpondiéran.*

Futur.

Singulier.

quand ie répondray, *ſi reſpondiére.*
tu répondras,   *reſpondiéres.*

il répondra ,   *respondiére.*
Pluriel.
nous répondrons ,   *respondiéremos.*
vous répondrez ,   *respondiéredes.*
ils répondront ,   *respondiéren.*

Infinitif.

répondre ,   *responder.*

Participe.

répondu ,   *respondido.*

Gerondif.

en répondant ,   *respondiendo.*

Substantif.

réponse ,   *respuesta.*

Troisiéme coniugaison.

Les verbes de la troisiéme coniugaison sont terminez en *ir* , exemple :
añadir, aiouster : *subir*, monter : *de-*
spedir, prendre congé : *dezir*, dire ,
&c.

Indicatif.

Temps preſent.

Singulier.

iadiouſte,   añádo.
tu adiouſtes,   añádes.
il adiouſte.   añade.

Pluriel.

nous adiouſtons, añadimos.
vous adiouſtez,   añadis.
ils adiouſtent,   añaden.

Imparfait.

Singulier.

i'adiouſtois,   añadia.
tu adiouſtois,   añadias.
il adiouſtoit,   añadia.

Pluriel.

nous adiouſtions, añadiamos.
vous adiouſtiez, añadiades.
ils adiouſtoient, añadian.

Parfait definy.

Singulier.

i'adiouſtay,   añadi.

tu adiouſtas,　　añadíſte.
il adiouſta,　　añadiò.
Pluriel.
nous adiouſtâmes, añadímos.
vous adiouſtàtes, añadiſtes.
ils adiouſterent, añadieron.

Parfait composé.

i'ay adiouſté,　　hè añadído, &c.

Plusque parfait.

i'auois adiouſté, auía añadido, &c.

Futur.

Singulier.
i'adiouſteray,　　añadirè.
tu adiouſteras,　　añadiras.
il adiouſtera,　　añadirà.
Pluriel.
nous adiouſterons añadirémos.
vous adiouſteſez, añadiréys.
ils adiouſteront, añadiràn.

Temps incertain.

Singulier.
i'adiouſterois,　　añadiria

tu adiousterois,   *añadirias.*
il adiousteroit,   *añaderia.*
Pluriel.
nous adiousterions, *añadiriamos.*
vous adiousteriez, *añadiriades.*
ils adiousteroient, *añadirian.*

Imperatif.

Singulier.

adiouste,   *añade.*
qu'il adiouste,   *añada.*
Pluriel
adioustons,   *añadámos.*
adioustez,   *añadid.*
qu'ils adioustent,   *añadan.*

Conionctif.

Temps present.

Singulier.

que i'adiouste,   *que añada.*
tu adioustes,   *añadas.*
il adiouste,   *añada.*
Pluriel
nous adioustions, *añadámos.*
vous adioustiez,   *añadáys.*

ils adiouſtent,   añádan.

Imparfait.

Singulier.
quz i'adiouſtaſſe,   añadieſſe.
tu adiouſtaſſes,   añadieſſes.
il adiouſtaſt,   añadiéſſe.
Pluriel.
nous adiouſtaſſions, añadiéſſemos.
vous adiouſtaſſiez,   añadiéſſedes.
ils adiouſtaſſent,   añadiéſſen.

Parfait compoſé.

que i'aye augmenté,   *que áya añadido.*

Pluſque parfait.

Singulier.
que i'euſſe augmenté, *que añadiéra.*
tu euſſes augmenté,   añadiéras.
il euſt augmenté,   añadiéra.
Pluriel.
nous euſſiós adiouſté, añadiéramos.
vous euſſiez adiouſté, añadiérades.
ils euſſent adiouſté. añadiéran.

Futur.

Singulier.

quand,i'adiousteray, *quando añadiére.*
tu adiousteras,   *añadiéres.*
il adioustera,   *añadiére.*

Pluriel.

nous adiousterons,   *añadiéremos.*
vous adiousterez,   *añadiéredes.*
ils adiousteront,   *añadiéren.*

Infinitif.

augmenter, adiouster , *añadir.*

Participe.

augmenté, adiousté, *añadido.*

Gerondif.

en adioustant, *añadiéndo.*

Substantif.

añadidura , augmentation, surcroist.

Du verbe paſſif.

LE verbe paſſif en Eſpagnol n'eſt autre choſe que le participe de certains verbes actifs, que l'on coniugue par tous les temps du verbe *ſer,* eſtre ; d'où vient qu'il eſt appellé auxiliaire des paſſifs : exemple.

ie ſuis pris, *ſon tomádo.*

ie ſuis priſe, *ſon tomáda.*

nous ſommes pris , *ſommos tomados.*

nous ſommes priſes , *ſommos tomadas.*

De la coniugaiſon du verbe ſer.

Le verbe *ſer* aide à former & à coniuguer les verbes paſſifs, mais il ne ſert pas à ſe coniuguer ſoy-meſme comme en Italien ; mais à la mode du François, il prend pour auxiliaire le verbe *hauer,* afin de former tous les temps compoſez ; de ſorte que ie trouue à propos de coniuguer premierement le verbe *ſer,* qui prend pour auxiliai-

re *hauer*. & puis coniuguer le verbe
fer auec le participe *tomado*, & par
le moyen de cette derniere coniugaifon vous pourrez coniuguer tous les
verbes paffifs.

Coniugaifon du verbe fer, par le moyen de l'auxiliaire hauer.

Indicatif.

Temps prefent.

Singulier.

ie fuis,	*foy*.
tu es,	*eres*.
il eft,	*es*.

Pluriel.

nous fommes,	*foemos*.
vous eftes,	*foys*.
ils font,	*fon*.

Imparfait.

Singulier.

i'eftois,	*éra*.
tu eftois,	*éras*.
il eftoit,	*éra*.

Pluriel.

nous estions,	*éramos.*
vous estiez,	*érades.*
ils estoient,	*éran.*

Parfait desiny.

Singulier.

ie fus,	*fui.*
tu fus,	*fuiste.*
il fut,	*fuè.*

Pluriel.

nous fusmes,	*fuímos.*
vous fustes,	*fuístes.*
ils furent,	*fuéron.*

Parfait composé.

Singulier.

i'ay esté,	*hè sido.*
tu as esté,	*has sido.*
il a esté,	*hà sido.*

Pluriel.

nous auons esté,	*hauémos sido.*
vous auez esté,	*hauéys sido.*
ils ont esté,	*han sido.*

Plusque parfait.

Singulier.

i'auois esté,	*auia sido.*
tu auois esté,	*auias sido.*
il auoit esté,	*auia sido.*

Pluriel.

nous auions esté,	*auíamos sido.*
vous auiez esté,	*auíades sido.*
ils auoient esté,	*auian sido.*

Futur.

Singulier.

ie seray,	*sere.*
tu seras,	*seràs.*
il sera,	*serà.*

Pluriel.

nous serons,	*serémos.*
vous serez,	*seréys.*
ils seront,	*seràn.*

Temps incertain.

Singulier.

ie serois,	*seria.*
tu serois,	*serias.*
il seroit,	*seria.*

Pluriel.

nous ſerions,   *ſeríamos.*
vous ſeriez,   *ſeriades.*
ils ſeroient,   *ſerian.*

Imperatif.

Singulier.

ſois-toy,   *ſè.*
qu'il ſoit,   *ſéa.*

Pluriel.

ſoyons,   *ſeámos.*
ſoyez,   *ſed.*
qu'ils ſoient,   *ſéan.*

Conionctif.

Preſent.

Singulier.

encore que ie ſois, *aunque ſéa.*
tu ſois,   *ſeas.*
il ſoit,   *ſea.*

Pluriel.

nous ſoyons,   *ſeámos.*
vous ſoyez,   *ſeays.*
ils ſoient,   *ſean.*

Imparfait.

Singulier.

afin que ie fuſſe,	*porque fueſſe.*
tu fuſſes,	*fueſſes.*
il fuſt,	*fueſſe.*

Pluriel.

nous fuſſions,	*fueſſemos.*
vous fuſſiez,	*fueſſedes.*
ils fuſſent,	*fueſſen.*

Parfait compoſé.

que i'aye eſté,	*que háya ſido.*

Pluſque parfait compoſé.

que i'euſſe eſté,	*que huuiéra ſido.*

Pluſque parfait ſimple.

Singulier.

que i'euſſe eſté,	*que fuéra.*
que tu euſſes eſté,	*que fuéras.*
qu'il euſt eſté,	*que fuéra.*

Pluriel.

que nous euſſions eſté,	*fuéramos.*
que vous euſſiez eſté,	*fuérades.*
qu'ils euſſent,	*fuéran.*

Futur.

Singulier.

quand ie feray,	*quando fuére.*
tu feras,	*fueres.*
il fera,	*fuere.*

Pluriel.

nous ferons,	*fuéremos.*
vous ferez,	*fuéredes.*
il feront,	*fueren.*

Infinitif.

eftre,	*fer.*

Participe.

efté,	*fido.*

Gerondif.

en eftant,	*fiéndo.*

Subftantif.

fer,　　　l'eftre : exemple.

Dios es el fer di todas las cofas, Dieu eft l'eftre, la nature & la fubfiftance de toutes les chofes.

Annotations.

io hè de ser,   ie dois eftre.
tengo de ser,   il faut que ie fois.

io foy parte paraque V. M. aga efto,
ie fuis fuffifant pour vous faire faire
cela

que ? todo el dia ha de ser hablar,
& quoy ? on ne fera tout le iour que
parler.

Remarquez encore que le verbe *ser*
auec le participe *feruido* fignifie plai-
re : exemple.

fi Dios fuéffe feruido, s'il plaifoit à
Dieu.

fi V. M. fuére feruido, s'il vous
plaift.

Enfin le verbe *ser* fignifie l'effence
de quelque chofe en manifeftant vne
qualité ou vne quantité, au lieu que
le verbe *eftar* fignifie eftre ou demeurer en quelque lieu, comme ie diray
dans fa coniugaifon, & annotations.

Exemples du verbe fer.

Io foy gordo, ie fuis gras.
V. M. es magra, vous eftes maigre.
es grande, pequeño, trifte, alegre,
il eft grand, petit, trifte, ioyeux.
La coniugaifon du verbe *eftar* fe
rencontrera dans les irreguliers de la
premiere coniugaifon.

Du verbe paßif.

Le verbe paffif fe coniugue par le
moyen du verbe *fer* & du participe
des verbes actifs : exemple.

Indicatif.

Prefent.

Singulier.

ie fuis pris,	*foy tomádo.*
tu es pris,	*eres tomado.*
il eft pris,	*es tomado.*

Pluriel.

nous fommes pris,	*fommos tomados.*
vous eftes pris,	*foys tomados.*
ils font pris,	*fon tomados.*

Mais comme il y a plusieurs dames
qui apprennent l'Espagnol, ie trouue
à propos de mettre la coniugaison du
verbe passif de la maniere qu'vne da-
me le doit apprendre, soit qu'elle parle dans la premiere personne , soit
qu'elle parle à vne femme, ou bien
d'vne autre femme.

Verbe passif feminin.

Indicatif.

Present.

Singulier.

ie suis prise,	*soy tomáda.*
tu es prise,	*eres tomada.*
elle est prise,	*es tomada.*

Pluriel.

nous sommes prises,	*sommos tomadas.*
vous estes prises,	*soys tomadas.*
elles sont prises,	*son tomadas.*

Imparfait.

Singulier.

i'estois prise ,	*era tomáda.*

tu eſtois priſe, *eras tomada.*
elle eſtoit priſe, *era tomada.*
Pluriel.
nous eſtions priſes, *eramos tomádas,*
vous eſtiez priſes, *érades tomadas,*
elles eſtoiét priſes, *eran tomadas.*

Parfait definy.
Singulier.
ie fus priſe, *fúi tomada.*
tu fus priſe, *fuiſte tomada.*
elle fut priſe, *fúe tomada.*
Pluriel.
nous fuſmes priſes, *fuímos tomadas.*
vous fuſtes priſes, *fuiſtes tomadas.*
elles furent priſes, *fuéron tomadas.*

Ie croy qu'il vous ſera facile de pourſuiure les autres temps du verbe paſſif feminin, par le moyen de tous les temps du verbe *ſer,* & du partici-pe *tomada* pour le ſingulier, & de *tomadas* pour le pluriel.

Des verbes irreguliers.

LEs verbes irreguliers se connoissent par le moyen de leur coniugaison qui n'est pas tout à fait semblable à celle des reguliers *tomar*, *responder* & *añadir*.

Irreguliers de la premiere coniugaison.

Ie diuiseray les verbes irreguliers de la premiere coniugaison en trois sortes.

La premiere sera des trois verbes *estar*, *dar*, & *andar*.

La seconde des verbes dont la penultiéme syllabe de l'infinitif est composée d'vn *e*, auquel il faut encore adiouter vn *i*, pour faire les personnes irreguliers du present : exemple.

despertar, *despierto*, i'éueille.

confessar, *confiesso*, ie confesse.

'La troisiéme sera de ceux qui changent l'*o* de la penultiéme syllabe de l'infinitif en *ue*, pour faire la premiere

miere

miere du preſent : exemple.

apoſtar, apueſto, ie gage.

almorçar, almuerço, ie déieuſne.

De la premiere ſorte des irreguliers de la premiere coniugaiſon,

C'eſt à dire de la coniugaiſon des verbes eſtar, dar, & andar.

Coniugaiſon du verbe eſtar, eſtre, demeurer, ou s'arreſter en quelque lieu.

Indicatif.

Temps preſent.

Singulier.

ie demeure,	*eſtoy.*
tu demeures,	*eſtàs.*
il demeure,	*eſtà.*

Pluriel.

nous demeurons,	*eſtámos,*
vous demeurez,	*eſtáis.*
ils demeurent,	*eſtàn.*

Imparfait.

Singulier.

ie demeurois,	*eſtáua.*
tu demeurois,	*eſtáuas.*
il demeuroit,	*eſtáua.*

Pluriel.

nous demeurions,	*eſtáuamos.*
vous demeuriez,	*eſtauades.*
ils demeuroient,	*eſtauan.*

Parfait deſiny.

Singulier.

ie demeuray,	*eſtúue.*
tu demeuras,	*eſtuuiſte.*
il demeura,	*eſtúuo.*

Pluriel.

nous demeuraſmes,	*eſtuuímos.*
vous demeuraſtes,	*eſtuuíſtes.*
ils demeurerent,	*eſtuuiéron.*

Parfait compoſé.

ie ſuis demeuré,	*io ſoy eſtádo.*
i'ay eſté,	*io he eſtádo.*

le premier ſe coniugue par le verbe paſſif *ſer*, & l'autre par le verbe
actif *hauer*.

Plusque parfait.

i'estois demeuré, *era estado.*
i'auois esté, *auía sido.*

Futur.

ie demeureray, *estarè.*
le reste comme au futur du verbe *to-*
mar.

Temps incertain.

ie demeurerois, *estaría.*
le reste comme au temps incertain du
verbe *tomar.*

Imperatif.

Il se forme de la troisiéme personne
du present.

Singulier.

demeure, *està.*
qu'il demeure, *estè.*

Pluriel.

demeurons, *estémos.*
demeurez, *estàd.*
qu'ils demeurent, *esten.*

Conionctif.

Prefent.

Singulier.
que ie demeure ,   *que eftè.*
que tu demeures, *que eftès.*
qu'il demeure ,   *que eftè.*

Pluriel.
que nous demeurions, *que eftémos.*
que vous demeuriez, *que eftéys.*
qu'ils demeurent ,   *que eftèn.*

Imparfait.

que ie demeuraffe, *que eftuuiéffe.*
le reftè comme à l'imparfait du conionctif du verbe *tener.*

Plufque parfait.

Singulier.
que i'euffe demeuré, *que eftuuiéra.*
tu euffes demeuré,   *eftuuiéras.*
il euft demeuré ,   *eftuuiéra.*

Pluriel.
nous euffions demeuré, *eftuuiéramos.*
vous euffiez demeuré,   *eftuuiérades.*
ils euffent demeuré,   *eftuuiéran.*

Futur.

fi ie demeure, *fi eftuuiére.*
le refte comme aux verbes actifs.

Infinitif.

eftre, demeurer, *eftàr.*

	Participe.
efté,	*eftádo.*
	Gerondif.
en eftant,	eftando.

Annotations.

Les verbe *eftar* eftant ioint aux adiectifs *bueno*, & *malo* fignifie fe porter bien, fe porter mal : exemple.

como eftà V. M. comme vous portez-vous ?

eftoy malo, ie me porte mal.

eftoy bueno, ie me porte bien.

eftoy muy aficionado à vofted, au
lieu de dire *à vueffa merced*, ie vous
aime paffionnément.

De forte que le verbe *eftar* fignifie

l'eſtre de quelque choſe en marquant
vne qualité ou vne quantité : exemple.

eſtoy ſuſpenſo, ie doute.
eſtoy ayrado, ie ſuis en colere.
eſtoy auſente, ie ſuis éloigné.
eſtoy peor, ie me porte plus mal.
eſtoy ſentado, ie ſuis aſſis.
eſtoy en pie, ie ſuis debout.
eſtoy eſpantado, ie ſuis étonné.
eſt. y amarillo, ie ſuis paſſé & défait.
eſtaua à pique de hazer, il eſtoit
en deſſein de faire.

eſtoy por no jugar à la pelóta, ie ſuis
d'aduis de ne point ioüer à la pauline.

eſtoy por no enſenallo mas, ie ne de-
ſire plus l'enſeigner.

Coniugaiſon du verbe dar,
donner.

Indicatif.

Preſent.

Singulier.

ie donne,   *dóy.*
tu donnes,   *dis.*
il donne,   *dà.*

Pluriel.

nous donnons,	*dámos.*
vous donnez,	*dáys.*
ils donnent,	*dàn.*

Imparfait.

ie donnois, *dáua.*
le reste comme à l'imparfait du verbe *tomar.*

Parfait definy.

Singulier,

ie donnay,	*dì.*
tu donnas,	*díste.*
il donna,	*diò.*

Pluriel.

nous donnasmes,	*dímos.*
vous donnastes,	*dístes.*
ils donnerent,	*diéron.*

Remarquez bien *diéron*, car on forme toufiours l'imparfait, le plufque parfait & le futur du conionctif, de la troifiéme du pluriel des parfaits definis.

Parfait composé.
i'ay presenté,   *io hé dádo,* &c.

Plusque parfait.
i'auois donné,   *auia dado,* &c.

Futur.
ie donneray,   *daré,* &c.

Temps incertain.
ie donnerois, *daría,*
le reste comme au temps incertain du
verbe *tomar.*

Imperatif,
Singulier.
donne,   *dà.*
qu'il donne,   *dè.*
Pluriel.
donnons,   *démos.*
donnez,   *dàd.*
qu'ils donnent,   *dèn.*

Conionctif.

Prefent.

que ie donne, *que dè.*
le refte comme au conionctif du verbe *tomar.*

Imparfait.

Il fe forme de *dieron,* changeant *ron*
en *ffe.*
que ie donnaffe, *que diéffe.*
le refte comme à l'imparfait du conionctif du verbe *refponder.*

Plufque parfait.

que i'euffe donné, *che diéra,*
le refte comme au plufque parfait du conionctif du verbe *refponder.*

Futur.

quand ie donneray, *quando diére.*

Infinitif.

donner dar.

Participe.

donné,   *dádo.*

Gerondif.

en donnant,   *dando.*

Annotations.

doy gracias à V. M. ie vous re-
mercie.

no doy à lógro, ie ne preste pas à
vsure.

V. M. *me diò dolores,* vous me fi-
stes mal.

V. M. *me dà en rostro,* vous me
reprochez.

io dare aguamános, ie donneray de
l'eau à lauer.

io doy por bien empleádo el tiempo,
i'ay bien employé le temps

V. M. *me dà pesadumbre,* vous
me faschez

dar en el blanco, frapper au but.

dáreys fè à mis palabras vous croi-
rez vous adiousterez foy à mes paroles.

io os doy la fe. ie vous donne ma parole.

luego daré el alma, ie mourray bien-toſt.

dar voces, crier.

dar que deʒir de ſi, faire parler de ſoy.

dar de palos, donner des coups de baſtons.

dar ſaluo conduto, donner paſſe-port.

dar lecion, faire vne leçon.

dar papilla, tromper, perſuadant vne choſe qui n'eſt pas.

la diez ſon dadas, il eſt dix heures.

dar la ſeñal, donner des erres.

non ſe me dà nada, ie ne m'en ſoucie pas.

dar plato, tenir table.

dar de natgas, donner du cul en terre.

Du verbe andar, aller.

La difference du verbe *andar*, & du verbe *ir* de la troiſiéme coniugaiſon, qui tous deux ſignifient *aller*, confiste en ce que le verbe *ir* fignifie aller à fon aife, & en des lieux determinez & certains, & le verbe *andar* fignifie aller en des lieux non determinez, & auec grande hafte.

Indicatif.

Temps prefent.

Singulier.

ie vais,	*ándo.*
tu vas,	*ándas.*
il va,	*ánda.*

Pluriel.

nous allons,	*andámos.*
vous allez,	*andáys.*
ils vont,	*ándan.*

Imparfait.

i'allois, *andáua*, comme *tomáua.*

Parfait definy.

i'allay *a dúue*, comme *eftúue*, du verbe *eftar.*

Parfait composé.

ie suis allé, soy andádö.

Plusque parfait.

i'estois allé, era andado.

Futur.

i'iray, *ire*, & non andarè.

Temps incertain.

i'irois, yría.

Imperatif.

v2, ánda.

Conionctif.

que i'aille, que ánde.

Imparfait.

que i'allaffe, que anduuiéffe.

Plusque parfait.

que ie fuffe allé, que anduuiéra.

Futur.

quand i'iray.   *quando anduuiére.*

Infinitif.

aller, marcher,   *andar.*

Participe.

allé,   *andádo.*

Gerondif.

en allant,   *andando.*

Subſtantifs.

andadura, promenade.
andante, errant.

Annotations.

non ando muy bueno, ie ne me por-
tes gueres bien

cauállero andante, cheualier errant.

andar en cançcos, aller ſur des é-
chaſſes.

à mas andar, tant que l'on peut
aller.

andar de eſpácio, marcher à ſon aiſe.

andar à sesgo, marcher de trauers.

io ando occupado, i'ay des affaires.

io ando à ciegas, ie marche à taſtons.

io ando con recato, ie prens bien garde à moy.

anday necio en eſta coſa, vous faites le niais en cette affaire.

andad para loco, hors d'icy fol.

io fui à ver el lóuero. y lo andúue todo, ie fus voir le louure, & ie le vis entierement tout.

De la ſeconde ſorte des irreguliers de la premiere coniugaiſon.

Il y a des verbes irreguliers de la premiere coniugaiſon où il faut changer l'*e* de la penultiéme ſyllabe de l'infinitif en *ie*, pour faire la premiere perſonne du preſent : exemple, *negar, niego*, ie nie : mais cette irregularité n'eſt que dans les trois perſonnes du ſingulier du preſent, & dans la troiſiéme du pluriel ; car la troiſiéme du pluriel ſe forme touſiours de la troiſiéme du ſingulier en adiouſtant *ne*

Tout les autres temps de l'indicatif se coniuguent comme le verbe *to-*
mar.

L'imperatif & le prefent du conionctif gardent la mefme irregularité,
comme vous verrez dans la coniugaifon du verbe *despertar*:

Indicatif.

Prefent.

Singulier.

j'excite,   *despierto.*
tu excites,   *despiertas.*
il excite,   *despierta.*
Pluriel.
nous excitons,   *despertámos.*
vous excitez,   *despertays.*
ils éueillent,   *despiertan.*

Imparfait.

ie réueillois,   *despertaua.*

Parfait definy.

ie réueillay,   *despertè.*

Parfait composé.

i'ay reueillé,   io hé despertádo.

Plusque parfait.

i'auois réueillé,   auía despertádo.

Futur.

i'exciteray,   despertarè.

Temps incertain.

ie réueillerois,   despertaría.

Imperatif irregulier.

Temps present.

Singulier.

excite,   despierta,
qu'il excite,   despiérte.

Pluriel.

excitons,   despertémos.
excitez,   despertàd,
qu'ils excitent,   despiérten.

Conionctif irregulier.

Temps present.

Singulier.

que i'excite,	que despiérte.
tu excites,	despiértes.
il excite,	despiérte.

Pluriel.

nous excitions,	despertémos.
vous excitiez,	desperteys.
ils excitent,	despiérten.

Imparfait.

que i'excitasse,　　que despertasse.

Plusque parfait.

que i'eusse excité, que despertára.

Futur.

quand i'exciteray, quando despertáre.

Infinitif.

réueiller,　　despertar.

Participe.

réueillé,　　despertade.

Gerondif.

en excitant,　　　*defpertando.*

Subftantif.

defpertador,　　　réueille-matin.

Adiectif.

defpierto.　　　homme vigilant.

Aduerbe.

defpertadamente, auec vigilance &
fans dormir.

Coninguez de mefme les verbes
fuiuans qui font tous irreguliers dans
le prefent, l'imperatif & le conionctif,
à fçauoir.

alentar,	prendre courage.
acertar,	rencontrer heureufe-
acrecentar,	augmenter.　　⌠ment.
apacentar,	paiftre le moutons.
apretar,	preffer, ferrer.
arrendar,	loüer vne maifon.
afferrar,	fier.
afeftar.	mirer.
ateftar,	rémoigner.

attrauerſar,	trauerſer.
auentar,	vaner le bled.
calentar,	échaufer.
cegar,	aueugler.
cerrar,	ſerrer, fermer.
començar,	commencer,
concertar,	faire vn accord.
confeſſar,	confeſſer.
decentar,	mettre en perce.
deſſoſſegar,	inquieter.
deſenterrar,	deſenterrer,
desherrar,	déferrer.
deſtemplar,	deſaccorder.
dezmar,	diſmer.
elar,	glacer.
emendar,	corriger.
empeçar,	commencer.
empedrar,	pauer.
encenſar,	encenſer.
encomendar,	recommander.
eneſſar,	plaſtrer.
entregar,	conſacrer, dedier.
errar,	manquer.
enſangrantar.	enſanglanter.
eſcarmentar,	apprendre à ſes dé-
aſtregar,	étriller.　　　ſ pens.

fregar,	écurer la vaiſſelle.
gouernar,	gouuerner.
herrar,	ferrer,
inuernar,	hyuerner.
manifeſtar,	manifeſter.
merendar,	gouſter.
negar,	refuſer.
neuar,	neiger.
plegar,	plier.
penſar,	penſer.
pimentar,	poiurer.
quebrar,	rompre.
rebentar,	creuer.
requebrar,	faire l'amour.
recentar,	rinſer.
regar,	arrouſer.
regoldar,	rotter.
remendar,	raptaſſer.
ſarmentar,	cueillir les ſermés.
ſembrar,	ſemer.
ſegar,	moiſſonner.
ſentar.	s'aſſeoir.
ſoſſegar,	ſe repoſer.
temblar.	trembler.
templar,	accorder vn luth.
tentar,	eſſayer.

erassegar,	f. eclater le vin.
tropeçar,	broncher.
ventar,	faire vent.

Tous les compofez fuiuent la mef-me irregularité des verbes dont ils deriuent : exemple , *renegar,* fait *re-niego,* parce que *negar* fait *niego,* &c.

Troifiéme forte des verbes irregu-liers de la premiere coniugaifon.

Il y a des verbes irreguliers de la premiere coniugaifon qui changent l'*o* de leurs penultiéme fyllabe en *üe,* pour faire quatre perfonnes du pre-fent, trois perfonnes de l'imperatif, & quatre perfonnes du conionctif, le refte des temps eft femblable au verbe *tomar,* comme vous verrez dans la coniugaifon fuiuante du verbe *apo-ftar,* gager.

Indicatif.

Prefent irregulier.

ie gage ,	*apüefto.*
tu gages,	*apüeftas.*

il gage,	*apüesta.*
nous gageons,	*apostamos.*
vous gagez,	*apostais.*
il gagent,	*apüestan.*

Imparfait.

ie gageois,	*apostaua.*

Parfait definy.

ie gageay,	*apostè.*

Parfait composé.

i'ay gagé,	*hè apostado.*

Plusque parfait.

i'auois gagé.	*auia apostado.*

Futur.

ie gageray,	*apostarè.*

Temps incertain.

ie gagerois,	*apostaria.*

Imperatif irregulier.

gage,	*apüésta.*
qu'il gage,	*apüéste.*

gageons,	*apostemos.*
gagez,	*apostàd.*
qu'ils gagent,	*apuesten.*

Conionctif irregulier.

Temps present.

que ie gage,	*apüéste.*
tu gages,	*apuéstes.*
il gage,	*apuéste.*
nous gagions,	*apostemos.*
vous gagiez,	*apostéys.*
ils gagent,	*apüesten.*

Imparfait.

que ie gageasse,   *que apostásse.*

Plusque parfait.

que i'eusse gagé,   *que apostára.*

Futur.

fi ie gage ,   *fi apostáre.*

Infinitif.

gager, parier,   *apostar.*

Participe.

gagé,   *apostado.*

Gerondif

en gageant ,   *apostando.*

Les

Les autres fuiuans, auec ceux qui en font compofez , ont les mefmes irregularitez dans le prefent , dans l'imperatif & dans le conionctif,changeant leur *o* en *üe*.

accordar,	fe reffouuenir.
acoftarfe,	fe mettre au lit.
agorar,	deuiner.
almorçar,	déieufner.
amolar,	aiguifer.
aprouar,	approuuer.
afolar,	ruiner, rafer.
atronar.	étourdir.
bolar,	dérober. [dant.
colgar,	attacher en pen-
concordar,	s'accorder.
confolar,	confoler.
confonar,	accorder.
chocar,	heurter.
coftar,	coufter.
degollar,	couper la gorge.
denoftar,	deshonorer.
derocar,	ruiner.
deffoffar,	defoffer.
defollar,	écorcher.
encontrar,	rencontrer.

G

forçar,   forcer.
holgar,   se réiouïr.
hollar,   fouler aux pieds.
mostrar,   monstrer.
poblar,   peupler.
prouar,   prouuer.
recordar,   faire ressouuenir.
regoldar,   roter.
resollar, resolgar, }   respirer.
rodar,   rouler.
rogar,   prier.
soltar,   délier.
soldar,   sonder.
sonar,   sonner.
soñar.   songer.
tostar,   rostir sur la braise.
trocar,   trocquer.
tronar,   tonner.
volar,   voler.
jugar,   ioüer.
changant u en üe,
ieioüe, juego.

Tous les autres verbes terminez en ar sont reguliers, & se doiuent coniuguer comme le verbe *tomar*, à sçauoir.

hablar,	parler.
ahorrar,	épargner.
callar,	se taire.
llamar,	appeller.
escuchar,	écouter.
amenaçar,	menacer.
cantar,	chanter.
dexar,	laisser.
quexar,	se plaindre.
suspirar,	soûpirer.
mirar,	regarder.
carcajear,	éclater de rire.
bosteçar,	bâiller.
estornudar.	éternuer.
orar,	prier Dieu.
rezar,	dire bas ses prieres.
comulgar,	communier.
limpiar,	nettoyer.
velar,	veiller.
ensuziar,	salir.
mascar,	mascher.
cenar,	souper.
ayunar,	ieusner.
quemar,	brusler.
cortar,	couper, tailler.
remojar,	tremper.

G ij

llorar,	pleurer.
tocar,	toucher.
coxquillar,	chatoüiller.
llegar,	arriuer.
postear,	courir la poste.
baylar.	dancer.
saltar,	sauter.
saltear,	brigander.
resbalar,	glisser.
quedar,	demeurer.
pararse.	s'arrester.
allegar,	approcher.
arrimar,	appuyer.
alquilar,	loüer vne maison.
arrendar,	la bailler à loüage.
entrar,	entrer.
passar,	passer.
menospreciar,	mépriser.
enfadar,	ennuyer.
molestar,	fascher.
reynar,	regner.
mandar,	commander.
quitar,	oster.
porfiar,	perseuerer.
preguntar,	interroger.

Irreguliers de la seconde coniugaison.

La seconde coniugaison a plusieurs sortes d'irreguliers.

La premiere de ceux dont la penultiéme syllabe a vn *e*, & qui prennent encore vn *i* de plus, dans le present de l'indicatif, imperatif & conionctif, de la mesme façon que ceux de la premiere coniugaison : exemple. *entender, entienda.*

Coniugaison du verbe entender, *entendre.*

Indicatif.

Present.

ï'entends,	*entiendo.*
tu entends,	*entiendes.*
il entend,	*entiende.*
nous entendons,	*entendémos.*
vous entendez,	*entendéys.*

ils entendent,   *entienden.*

Imparfait.

i'entendois,   *entendía.*
coniuguez le reſte comme à l'imparfait du verbe *reſponder.*

Parfait definy.

i'entendis,   *entendì.*
le reſte comme au parfait definy du
verbe *reſponder.*

Parfait compoſé.

i'ay entendu,   *hè entendido.*

Futur.

i'entendray,   *entenderè.*

Temps incertain.

i'entendrois,   *entenderìa.*

Imperatif.

entends,   *entiende.*
qu'il entende,   *entienda.*
entendons,   *entendámos.*
entendez,   *entendèd*
qu'ils entendent,   *entiéndan.*

Conionctif.

que i'entende,	*que entienda.*
tu entendes,	*entiendas.*
il entende,	*entienda.*
nous entendions,	*entendamos.*
vous entendiez,	*entendáys.*
ils entendent,	*entiendan.*

Imparfait.

que i'entendisse, *entendiéſſe.*

Pluſque parfait.

que i'euſſe entendu, *entendiéra.*

Futur.

que i'entendray, *entendiére.*

Infinitif.

entendre de l'eſprit, *entendèr.*

Participe.

entendu,	*entendido.*

Gerondif.

en entendant,	*entendiendo.*

Subſtantif.

entendement,   *entendimiento.*

Adiectif.

entendido, homme fort entendu aux affaires.

Annotations.

lo tengo entendido. ie l'ay compris.

llegò à entender, il ſceut.

entiendo que lloras, ie penſe que tu pleures.

me entiendo, ie ſçay bien ce que ie dis.

entiende en algo, il n'a pas perdu ſon temps.

Recueil des verbes qui ont la meſme irregularité que *entender.*

tender,   tendre.

& ſes compoſez.

atender,	s'adonner.
contender,	conteſter.
eſtender,	étendre.
defender,	defendre.
decender,	deſcendre.
concerner,	concerner.

encender,	allumer.
heder,	fentir mauuais.
hender,	fendre.
perder,	perdre.
querer,	vouloir.
verter,	répandre.

tous lefquels verbes fe coniuguent de la mefme façon que *entender.*

Seconde irregularité.

La feconde irregularité eft des verbes qui ont vn *o* à la penultiéme fyllabe de l'infinitif, & qui le changent en *üe* pour faire les perfonnes irregulieres du temps prefent, de la mefme façon que *apoftar* : exemple.

morder, *mordre.*

Indicatif.

Prefent.

ie mords,	*muérdo.*
tu mords,	*muérdes.*
ils mord,	*muérde.*
nous mordons,	*mordémos.*

vous mordez,   mordéys.
ils mordent,   muerden.

Imparfait.

ie mordois,   mordía.

Parfait desiny.

ie mordis,   mordí.

Parfait composé.

i'ay mordu,   hé mordido.

Futur.

ie mordray,   morderè.

Temps incertain.

ie mordrois.   morderia.

Imperatif.

mords,   muerde.
qu'il morde,   muerda.
mordons,   mordámos.
mordez,   mordéd.
qu'ils mordent,   muérdan.

Conionctif.

que ie morde,   que muerda.
tu mordes,   muerdas.
il morde,   muerda.

nous mordions,   *mordamos.*
vous mordiez,   *mordays.*
ils mordent,   *muerdan.*

Les verbes suiuans se coniuguent comme le verbe *morder.*

absoluer, absueluo,	i'absous.
boluer, bueluo,	ie tourne.
cozer, cueço,	ie cuis.
holer, huelo.	ie sens.
llouer, llueue,	il pleut.
moler, muelo,	ie mouls.
mouer, mueuo,	i'émeus.
poder, puedo,	ie puis.
reboluer, rebueluo,	ie retourne.
soler, suelo,	i'ay de coustume.
torcer, tuerço.	ie tors.

Annotations.

Tous les composez gardent la mesme irregularité; l'exemple en est manifeste au verbe *reboluer*, qui estant composé de *boluer*, fait aussi *rebueluo.*

Remarquez que *boluer* a dans son participe *buelto*, & non pas *boluido*, de mesme que *absoluer* fait *absuelto*, & *resoluer*, *resuelto.*

Le verbe *oler* s'écrit plus ordinairement sans *h* dans les temps reguliers ; mais les irreguliers se doiuent
écrire auec vn *h* pour faire la difference entre *vela*, il veille, ou chandelle,
ou sentinelle, ou voile qui se prononcent tous auec *u* consonne, & *hüela*
qu'il sente, lequel se prononce auec
ü voyelle.

Remarquez aussi que *cueço*, de *co-
zer*, n'est pas si bon que *cüesgo*, *cue-
zes*, *cueze*, *cozemos*, *cozeis*, *cuezen*.

Imperatif. *cueze*, *cuesga*, *cosgamos*,
cozed, *cuesgan*.

Conionctif. *cuesga*, *cuesga*, *cuesga*, *cosgamos*, *cosgays*, *cuesgan*.

De la troisiéme irregularité.

Troisiéme irregularité des deux
verbes *querer* & *poder*, qui outre l'irregularité des verbes qui mettent *i*
deuant *e*, & de ceux qui changent *o*
en *üe*, ont encore d'autres temps irreguliers.

Coniugaison du verbe querer, aimer, vouloir.

Indicatif.

Present.

ie veux,	*quiéro.*
tu veux,	*quiéres.*
il veut,	*quiere.*
nous voulons,	*querémos.*
vous voulez,	*queréys.*
ils veulent,	*quiéren.*

Imparfait.

ie voulois,	*quería.*

Parfait definy.

ie voulus,	*quise.*
tu voulus,	*quisiste.*
il voulut,	*quiso.*
nous voulusmes,	*quisimos.*
vous voulustes,	*quisistes.*
il voulurent,	*quisiéron.*

Parfait composé.

i'ay voulu,	*io hè querido.*

Futur.

ie voudray;	*querrè.*

Temps incertain.

ie voudrois,	*querría.*

Imperatif.

aime,	*quier.*
qu'il aime,	*quiera.*
aimons,	*querámos.*
aimez,	*quered.*
qu'ils aiment,	*quieran.*

Conionctif.

que ie veüille,	*que quiera.*
tu veüilles,	*quieras.*
il veüille,	*quiera.*
nous veüillons,	*queramos.*
vous veüilliez,	*querays.*
ils veüillent,	*quieran.*

Imparfait.

que ie voulusse,	*quisiésse.*

Plusque parfait.

que i'eusse voulu,	*quisiera.*

Futur.

quand ie voudray, *quando quiſiére.*

Infinitif.

vouloir, aimer,   *querer.*

Participe.

voulu,   *querido.*

Gerondif.

en voulant,   *queriendo.*

Annotations.

mas quiero, i'aime mieux.
quiero bien à V. M. ie vous cheris.
quiero mal al vicio, i'ay en haine le
vice.
io ſoy bien querido de V. M. vous
m'aimez bien.
mi queridillo, mon mignon.

Coniugaiſon du verbe poder,
pouuoir.

Indicatif.

Preſent.

ie puis,   *puédo.*
tu peux,   *puédes.*

il peut,	puede.
nous pouuons,	podémos.
vous pouuez,	podeys.
ils peuuent,	puéden.

Imparfait.

| ie pouuois, | podía. |

Parfait definy.

ie pûs,	púde.
tu pûs,	pudiste.
il pût,	púdo.
nous pûsmes,	pudímos.
vous pûstes,	pudístes.
ils pûrent,	pudieron.

Parfait composé.

| i'ay pû, | hé podido. |

Plusque parfait.

| i'auois pû, | auia podído. |

Futur.

| ie pourray, | podrè. |

Temps incertain.

| ie pourrois, | podría. |

Imperatif *nada.*

Conionctif.

que ie puiſſe,	*que pueda.*
tu puiſſes,	*puedas.*
il puiſſe,	*pueda.*
nous puiſſions,	*podámos.*
vous puiſſiez,	*podáys.*
ils puiſſent,	*puédan.*

Imparfait.

que ie pûſſe,	*que pudieſſe.*

Plusque parfait.

que i'euſſe pû,	*que pudiéra.*

Futur.

quand ie pourray,	*quando pudiéré.*

Infinitif.

pouuoir,	*podèr.*

Participe.

pû,	*podido.*

Gerondif.

en pouuant,	*podiendo.*

Subſtantif.

poder , force , puiſſance.

Adiectif.

poderoſo , puiſſant.

Aduerbe.

poderoſamente , auec force & puiſſance.

Annotations.

carta de poder, procuration.
podía mucho, il y pouuoit beaucoup.
podémos nada, nous n'y pouuons rien.
à mas no poder lo harè , ie le feray
malgré moy.

Quatriéme irregularité du verbe
ſaber , *ſçauoir.*

Indicatif.

Preſent.

ie ſçay,	sè.
tu ſçais,	ſabes.
il ſçait,	ſabe.
nous ſçauons,	ſabémos.

vous sçauez,	*sabéys.*
ils sçauent,	*sáben.*

Imparfait.

ie sçauois,	*sabía.*

Parfait desiny.

ie sceus,	*supe.*
tu sceus,	*supiste.*
il sceut,	*súpo.*
nous sceusmes,	*supimos.*
vous sceustes,	*supistes.*
ils sceurent,	*supiéron.*

Parfait composé.

i'ay sceu,	*hè sauido.*

Futur.

ie sçauray,	*saurè.*

Temps incertain.

ie sçaurois,	*sauría.*

Imperatif.

sçache,	*sabe.*
qu'ils sçache,	*sepa.*
sçachons,	*sepámos.*

sçachez,	*saued.*
qu'ils sçachent,	*sépan.*

Conionctif.

que ie sçache,	*que sepa.*

Imparfait.

que ie sceusse,	*que supiésse.*

Plusque parfait.

que i'eusse sceu,	*que supiéra.*

Futur.

si ie sçay,	*si supiére.*

Infinitif.

sçauoir,	*saber.*

Participe.

sceu,	*sabido.*

Gerondif.

en sçachant,	*sauiendo.*

Substantif.

sabieza, sabiduria, sagesse.
sabidor, connoissant.

Adiectif.

sabido, docte.

Aduerbe.

sabiamente, sagement.
à *sabiendas*, tout exprés, de propos deliberé.
à *saber si*, à sçauoir si cela est.

Annotations.

Saber signifie sauourer, prendre
goust en quelque chose : exemple.

*la cena me saue mas que la comi-
da*, i'ay plus de goust au souper qu'au
disner.

V. M. sabe antes el tiempo, vous a-
uez deuancé le temps d'estre sçauant.

saueys a go de cierto ? sçauez-vous
quelque chose de certain?

De la cinquiéme irregularité.

La cinquiéme irregularité contient
les verbes qui changent les deux dernieres lettres de l'infinitif en *igo*, à
sçauoir.

traer, traigo, amener.

caer,	*caigo,*	raser.
raer,	*raigo,*	raser.
roer,	*roigo,*	ronger.

Mais le plus irregulier est *traer,* car il a le parfait definy encore irregulier.

Coniugaison du verbe traher *, apporter, porter, conduire, &c.*

Indicatif.

Present.

ie porte,	*tráigo.*
tu portes,	*tráes.*
il porte,	*tráe.*
nous portons,	*traémos.*
vous portez,	*traéys.*
ils portent,	*tráen.*

Imparfait.

ie portois.	*traía.*

Parfait definy.

ie portay,	*truxe,*

truxiste, trúxo, truximos, truxístes, truxéron.

Quelques-vns disent, *traxe,* &c.

Parfait composé.

i'ay porté,   *io he traydo.*

Futur.

ie porteray,   *traeré.*

Temps incertain.

ie porterois,   *traería.*

Imperatif.

porte,   *tráe.*
qu'il porte,   *tráiga.*
portons,   *traigámos.*
portez,   *traed.*
qu'ils portent.   *tráigan.*

Conionctif.

que ie porte,   *que tráiga.*

Imparfait.

que ie portasse,   *truxésse.*

Plusque parfait.

que i'eusse porté, *que truxéra.*

Futur.

quand ie porteray, *quando truxére.*

Infinitif.

apporter,   *traèr.*

Participe.

porté,   *traido.*

Gerondif.

en portant,   *trayendo.*

Annotations.

Ces deux verbes Espagnols *traer,* & *lleuar*, semblent signifier la mesme chose, toutefois il faut faire cette difference :

Porter quelque chose du lieu où nous sommes en quelque autre endroit, dites *lleuar :*

Porter quelque chose d'vn autre endroit dans le lieu où nous sommes, dites *traer.*

traer, a plusieurs autres significations.

' *el se tràe muy bien*, il est tousiours bien vestu.

traigo entre manos la gramatica, ie mets en vsage la grammaire.

traigo

traigo todos por fuerça, ò por amor, ie les mene tous par force ou par amour.

el corréo tráe buenas nuevas de Bordeos ? le courrier apporte-il de bonnes nouuelles de Bordeaux ?

su traducion trae pocos renglones, voſtre compoſition eſt bien petite.

Coniugaiſon du verbe caer, *tomber.*

Suiuant lequel vous coniugerez *vaer,* & *roer.*

Indicatif.

ie tombe *cáigo, cáes, cáe, caémos, caéis, cáen.*

Imparfait.

ie tombois,   *caía.*

Parfait definy.

ie tombay,   *caí, cayſte, caiò, caímos, caiſtes, caiéron.*

Parfait compoſé.

ie ſuis tombé,   {*he caido.* {*ſoy caido.*

H

 Du verbe caer.

Futur.

ie tomberay,   *caerè.*

Temps incertain.

ie tomberois,   *caería.*

Imperatif.

tombe,   *cae.*
qu'il tombe,   *cáiga.*
tombons,   *caigámos.*
tombez,   *caed.*
qu'ils tombent,   *cáigan.*

Conionctif.

que ie tombe,   *que cáiga ,* &c.

Imparfait.

que ie tombaſſe,   *que caiéſſe.*

Pluſque parfait.

que ie fuſſe tombé, *que caiéra.*

Futur.

quand ie tomberay, *quando caiére.*

Infinitif.

tomber,   *caèr.*

Participe.

tombé,   *caido.*

Gerondif.

en tombant,   *caiéndo.*

Subſtantif.

cheute,   *caida.*

Annotations.

Me es caido de la memoria, ie ne m'en ſouuiens pas.

quando el ſeñor dixo la nueua, es poſſible que non caiſtes en ella? quand monſieur raconta la nouuelle, eſt-il poſſible que vous ne la compriſtes pas?

no cáigo en el negocio, ie n'entends pas bien l'affaire.

no cáe eſto en buen juizio, vn hom-me ſage ne doit pas viure de la ſorte.

io cái à baxo, ie tombay en bas.

caiò deſde arriba, il tomba de là haut.

es caido en el laço, il a eſté pris aux filets.

caiéron de bruzes, il tomberent le nez contre terre.

caiò de honroso estado, d'Euesque il deuint Meusnier.

me son caidas las alas, ie n'ay pas le courage de rien faire.

cáigo muerto de sed, ie meurs de soif.

Les autres verbes qui font leurs present en *go*, sont *hazer, poner*, & *valer*, qu'il est à propos de coniuguer tout au long à cause de leurs irregularitez, de mesme que le verbe *caber*, dont la signification merite des annotations.

Coniugaison du verbe hazer, *faire*.

Indicatif.

Present.

ie fais,	*hágo.*
tu fais,	*házes.*
il fait,	*háze.*
nous faisons,	*hazémos.*
vous faites,	*hazéys.*
ils font,	*házen.*

Imparfait.

ie faisois,	*hazía, &c.*

házia, aduerbe qui signifie vers, a
son accent sur l'antepenultiéme.

Parfait definy.

ie fis,	híze.
tu fis,	hizíste.
il fit,	hízo.
nous fifmes,	hizimos.
vous fistes,	hizistes.
ils firent,	hiziéron.

Parfait composé.

i'ay fait,	io hé hecho.

Futur.

ie feray,	haré.

Temps incertain.

ie ferois,	haría.

Imperatif.

fais,	haz.
qu'il fasse,	haga.
faisons,	hagamos.
faites,	hazed.

Remarquez que la seconde de l'imperatif se forme tousiours de l'infini-

tif, changeant *r* en *d*, *hazer*, *hazed*.
qu'ils fassent,   *hágan*.

Conionctif.

que ie fasse.   *que hága*, &c.

Imparfait.

que ie fisse.   *que hiziésse*, &c.

Plusque parfait.

que i'eusse fait,   *que hiziera.*

Futur.

quand ie feray,   *quando hiziére.*

Infinitif.

faire,   *hazèr*, & non *hacer.*

Participe.

fait,   *hécho.*

Gerondif.

en faisant,   *haziendo.*

Subſtantif.

hazienda, affaire, negoce.
hecho, fait, action.
hechura, façon, manifacture.
hecho, *hazaña*, prouësse, fait d'ar-
mes.

Annotations.

Que haze ofted? que faites-vous ?
hago del cuerdo, ie fais le prudent.
hazeis del necio, vous faites le fot.
que harà mañana V. M. que ferez-vous demain ?

harè mal à dos cauallos, ie piqueray
deux cheuaux.

che tiempo haze? quel temps fait-il?
haze calor, il fait chaud.
haze frio, il fait froid.
haze claro, il fait beau.
haze efcúro, il fait fombre.
hagame V. M. efte plazer, faites-
moy ce plaifir.

hazer del ojo, faire figne.
V. M. non haze bien con migo,
vous ne me traitez pas comme il faut.

no hago à efte cafo, ie ne fuis pas
propre à cela.

V. M. quiere hazer aguas, vous
plaift-il faire de l'eau?

no puedo hazerme la barua, ie ne
fçaurois me rafer.

io me hago à todo, ie m'accommode
à tout.　　　　　　　　　H iiij

V. M. haze del enojado, vous faites semblant d'estre en colere.

hagámos concierto, accordons-nous.

haze muy bien su agosto, il fait fort
bien ses affaires, il deuient riche.

dicho y hecho, aussi-tost dit, aussi-
tost fait.

Coniugaison du verbe poner, *mettre.*

Indicatif.

Present.

ie mets,	*pongo.*
tu mets,	*pones.*
il met,	*pone.*
nous mettons,	*ponémos.*
vous mettez,	*ponéis.*
ils mettent,	*pónen.*

Imparfait.

ie mettois,	*ponía.*

Parfait definy.

ie mis,	*púse.*

Parfait composé.

i'ay mis,　　　　　*he puesto.*

Futur.

ie mettray,　　　　*pondré, porné.*

Temps incertain.

ie mettrois,　　　*pondría, ou pornía.*

Imperatif.

mets,　　　　　*pon.*
qu'il mette,　　　*ponga.*
mettons,　　　　*pongámos.*
mettez,　　　　　*poned.*
qu'ils mettent,　*pongan.*

Conionctif.

que ie mette,　　*que ponga.*

Imparfait.

que ie misse,　　*que pusiesse.*

Plusque parfait.

que i'eusse mis,　*que pusiera.*

Futur.

quand ie mettray, *quando pusiere.*
　　　　　　　　H v.

Infinitif.

mettre,   poner.

Participe.

mis,   puesto.

Gerondif.

en mettant,   poniéndo.

Annotations.

Quanto pónen de Paris à Orleans ? que compte-on de Paris à Orleans?

treynta leguas, trente lieuës.

no se ponga V. M. peligro, ne vous hazardez pas.

io pondrè los dineros en tercería, ie mettray l'argent en dépost.

poned la mesa al poner del sol, ie veux souper à soleil couchant.

io me hé puesto muy gordo, ie suis deuenu trop gras.

à me pondrà en aprieto, quien à me pornà en pleyto, celuy-là me reduira à de grandes extremitez, qui m'intentera des procés.

porque se pone muy galan? pourquoy
vous aiuftez-vous?

porque pongo cafo que à me quiere,
parce que ie prefuppofe qu'elle m'aime.

*V. M. pone miedo ponendo fe gra-
ue.* vous faites peur en faifant fi fort
le feuere.

he puefto mis haziendas à recaudo,
i'ay mis mes biens en feureté.

mis tortolas ponen , mes tourterel-
les pondent.

Coniugaifon du verbe valer, *valoir,
fe preualoir, garder, feruir,
profiter.*

Indicatif.

Prefent.

ie vaux,	*valgo.*
tu vaux,	*vales.*
il vaut,	*vale.*
nous valons,	*valémos.*
vous valèz,	*valéys.*
ils valent,	*valen.*

H vj

Imparfait.

ie gardois.   *valía.*

Parfait definy.

ie feruis,   *valí.*

Futur.

ie garderay,   *valdrè.*

Temps incertain.

ie vaudrois,   *valdría.*

Imperatif.

vaux,   *val.*
qu'il vaille,   *valga, vala.*
valons,   *valgámos.*
valez,   *valed.*
qu'ils valent,   *valgan.*

Conionctif.

que ie vaille,   *que valga.*

Imparfait:

que ie valuffe,   *que valiéffe.*

Plufque parfait:

que i'euffe valu,   *que valiéra.*
quand ie feruiray, *fi valiére.*

Infinitif.

valoir, garder,   *valer.*

Participe:

gardé, aidé,   *valído.*

Gerondif.

en gardant,   *valiendo.*

Subſtantif.

valòr, valeur, prix.
valía, pouuoir, force, appuy, garde, ſauuegarde, valeur.

Adiectif.

válido, fort, puiſſant, ferme.
valeróſo, valeureux, vaillant.
valiénte, vaillant, braue.

Annotations.

V́álame Dios, Dieu me ſoit en aide.
io me valgo de ſu afficion, ie me
preuaux de ſon amour.
válgaſe por ſi, qu'il prenne garde
en ſes affaires.
vala lo el diablo, le diable l'em-
porte.

Coniugaison du verbe caber, *com-prendre & contenir.*

Encore que ce verbe deuroit estre appellé impersonnel , neantmoins dans les annotations ie feray voir qu'il a toutes les personnes.

Indicatif.

Present.

La premiere & seconde personnes ne sont pas beaucoup en vsage, *quépos cábes.*

il contient,	*cabe.*
il contenoit,	*cabia.*
il a contenu,	*cúpe.*
il a contenu,	*hà cabido.*
il contiendra,	*cabrà.*
il contiendroit,	*cabria.*
qu'il contienne,	*quépa.*
qu'il contint,	*cupiéffe.*
qu'il euft contenu,	*cupiéra.*
s'il contient,	*fi cupiére.*

Infinitif.

| contenir, | *caber.* |

Participe.

contenu, *cabido.*

Gerondif.

en contenant, *cabiendo.*

Annotations.

Io no quepo alli, ie ne sçaurois demeurer là.

io no quepo en mi de piazer, ie meurs
de ioye

*como tantos hombres cabran en Pa-
ris?* comment est-ce que tant d'hommes pourront demeurer dans Paris?

si esto me cupiess en suerte, si cela
m'arriuoit par hazard.

me han de caber cien doblas, ie dois
en receuoir cent pistoles.

De la sixiéme irregularité.

La sixiéme irregularité monstre les
verbes dont l'infinitif est terminé en
cer, que quelques vns ecriuent par
scer, les autres par *zer*, mais tous les
bons autheurs par *cer*, & qui pren-

nent vn ſ au preſent pluſtoſt qu'vn z,
eſtant plus à propos de dire *obedeſco,*
que *obedez,o.*

Indicatif.

Preſent.

i'obeïs,	*obed-ſco.*
tu obeïs.	*obedéces.*
il obeït,	*obedéce.*
nous obeïſſons,	*obedecémos.*
vous obeiſſez,	*obedecéis.*
ils obeiſſent,	*obedécen.*

Imparfait.

i'obeïſſois,	*obedecía.*

Parfait deſiny.

i'obeïs,	*obedecì.*

Parfait compoſé.

i'ay obeï.	*hé obedecído.*

Futur.

i'obeïray.	*obedeceré.*

Temps incertain.

i'obeïrois,	*obedecería.*

Imperatif.

obeïs,	*obedéce.*
qu'il obeïffe,	*obedefca.*
obeïffons,	*obedefcámos.*
obeïffez,	*obedeced.*
qu'ils obeïffent,	*obedefcan.*

Conionctif.

que i'obeïffe,	*que obedefca.*

Imparfait.

que i'obeïffe,	*que obedeciéffe.*

Plufque parfait.

que i'euffe obeï,	*que obedeciéra.*

Futur.

i'obeïray,	*que obedeciére.*

Infinitif.

obeïr,	*obedecer.*

Participe.

obey,	*obedecido.*

Gerondif.

en obeïffant,	*obedeciendo.*

Subſtantif.

obediencia,
obedecimento,   } obeiſſance.

Adiectif.

obediente.   obeiſſant.

Coniuguez de meſme les verbes ſuiuans, tant actifs qu'imperſonnels.

Des imperſonnels.

aconteſca,   qu'il arriue.
acaeſca,   qu'il arriue.
amaneſca,   qu'il faſſe iour.
anocheſca,   qu'il faſſe nuit.
humedeſca,   qu'il faſſe humide.

Des actifs.

abaſtecer, abaſteſco, i'enuictuaille.
adolecer, adoleſco, ie tombe malade.
conocer, conoſco, ie connois.
deſcrecer, deſcreſco, ie decrois.
enflaquecer, enflaqueſco, ie m'affoiblis.
eſcarnecer, eſcarneſco, ie me mocque.

endurecer, *enduresco*, i'endurcis.

embraueccer, *embrauesco*, i'encourage.

ennoblecer, *ennoblesco*, i'ennoblis.

enfobernecer, *enfoberuesco*, ie m'enorgueillis.

enrriquecer, *enrriquesco*, ie deuiens riche.

enuejecer, *enuejesco*, i'enuiellis.

establecer, *establesco*, i'établis.

enmudecer, *enmudesco*, ie deuiens muet.

encarecer, *encaresco*, i'encheris.

fauorecer, *fauoresco*, ie fauoris.

florecer, *floresco*, ie fleuris.

guarecer, *guaresco*, ie garantis.

guarnecer, *guarnesco*, ie garnis.

merecer, *meresco*, ie merite.

nacer, *nasco*, ie procede.

pacer, *pasco*, ie pais.

padecer, *padesco*, i'endure.

perecer, *peresco*, ie peris.

Exceptez

torcer, *tuerco*, ie tors.

vencer, *venco*, ie furmonte.

De la septiéme irregularité.

La septiéme irregularité consiste en l'orthographe de certains verbes, dont l'infinitif se termine en *ger*; exemple.

coger, cueillir.

Pour bien faire entendre cette irregularité, il faut presupposer que le *g* a deux prononciations, vne comme en François, à sçauoir *ga*, *go*, l'autre purement Espagnole, à sçauoir *ge*, & *gi*, qui ne se peut expliquer par écrit, car les vns prononcent *ge*, *gi*, comme *che*, *chi* François, les autres le prononcent vn peu du gosier en separant la prononciation du *g* d'auec celle de l'*e*, ou de l'*i*, comme si c'estoit deux syllabes; & ie me fonde sur cette prononciation que i'ay remarquée la plus noble en Espagne, & la plus ordinaire aux gens de condition.

De sorte que pour conseruer la prononciation rude de *coger*, & de tous les autres de cette mesme terminaison, il faut changer le *g* en *j* (que l'on ap-

pelle *sciota*, à Florence) dans tous les
temps ou le *g* se doit rencontrer deuant *a*, ou *o*. Exemple de la coniugaison du verbe *coger*.

Coniugaison du verbe coger,
cueillir.

Indicatif.

Present.

ie cueille ,	*cójo.*
tu cueilles ,	*cóges.*
il cueille ,	*cóge.*
nous cueillons,	*cogémos.*
vous cueillez,	*cogéis.*
ils cueillent,	*cógen.*

Imparfait.

ie cueillois,	*cogía.*

Parfait definy.

ie cueillis ,	*cogì.*

Parfait composé.

i'ay cueilly ,	*hè cogído.*

Futur.

ie cueilleray ,	*cogerè.*

Temps incertain.

ie cueillerois,   *cogería.*

Imperatif.

cueille,   *coge.*
qu'il cueille,   *coja.*
cueillons,   *cojamos.*
cueillez,   *coged.*
qu'ils cueillent,   *cojan.*

Conionctif.

que ie cueille,   *que coja.*

Imparfait.

que ie cueillisse,   *que cogiésse.*

Plusque parfait.

que i'eusse cueilly,   *que cogiéra.*

Futur.

si ie cueille,   *si cogiére.*

Infinitif.

cueillir,   *coger.*

Participe.

cueilly,   *cogido.*

Gerondif.

en cueillant,   *cogiendo.*

Subſtantif.

cogimiento,   recueil, cueillette.

Annotations.

V. M. cogiò la telilla, vous pliâtes la toilette.

io cojo à V. M. à palabras, ie vous prends au mot.

enſeñando à V. M. cojo agua en ceſto, ie trauaille en vain de vous enſeigner.

cogereys prendas, prendrez-vous des gages?

el pobre Roſieri hà ſido cogido, le pauure des Roziers a eſté atrappé.

Il y a fort peu d'autres irregularitez dans la ſeconde coniugaiſon, ſi ce n'eſt que *ver* fait dans ſon participe *viſto.*

Coniugaison du verbe ver, ò
veer, *voir.*

Indicatif.

Present.

ie vois, *veo, vés, vè, vemos, véys,
vén.*

Imparfait.

ie voyois,   *vía, ò veia.*

Parfait definy.

ie vis,   *vi, viste, viò,* &
par licence poëtique, *vido.*

Parfait composé.

i'ay veu,   *hè visto.*

Futur.

ie verray,   *verè.*

Temps incertain.

ie verrois,   *veria.*

Imperatif.

vois, *vè, véa, veámos, ved, vean.*

Conionctif.

que ie voye,   *que véa.*

Impar-

Imp. fait.

que ie viſſe,   *que vieſſe.*

Pluſque parfait.

que i'euſſe veu,   *que viéra.*

Futur.

ſi ie vois,   *ſi viére.*

Infinitif.

voir,   *ver.*

Participe.

veu,   *viſto.*

Gerondif.

en voyant, $\begin{cases} \textit{viende.} \\ \textit{veyende.} \end{cases}$

Subſtantif.

veuë,   *viſta.*

Annotations.

No echo de ver eſto, ie n'apperçois pas bien cela.

no viò antes. il ne preueut pas.

à ver veámos, reconnoiſſons l'af-faire.

I

à mi vér, selon mon iugement.

corto di vista, de courte veuë.

tiene muy buenas vistas el lónero, le louure a de belles veuës.

o vistas hermosas, voilà les plus belles veuës du monde.

io las verè otra vez, ie les verray vne autre fois.

La derniere irregularité monstre que le verbe *tañer*, qui signifie pincer vn instrument, fait au gerondif *tañendo* & non *taniendo*, comme tous les autres verbes de la seconde coniugaison.

ous remarquerez aussi que le gerondif prend la preposition *en* à la mode du François, car vous pouuez dire.

tañendo, & *en tañendo*.

veyendo, & *en veyndo*.

tomando, & *en tomando*.

Toutefois l'expression est plus belle quand vous direz *tomando*.

Irreguliers de la troisiéme coniugaison.

LA troisiéme coniugaison monstre comme certains verbes qui ont *e* à la penultiéme, prennent encore vn *i* dans les personnes irreguliers du present, de l'imperatif, & du conionctif, comme ie vous ay monstré aux verbes *despertar* & *entender*, & de plus changent leur *e*, en *i* : dans la troisiéme du singulier & pluriel du parfait definy : & dans tous les temps qui en deriuent, comme vous verrez à la coniugaison du verbe *mentir*.

Coniugaison du verbe mentir, *mentir.*

Indicatif.

ie ment,	*miento.*
tu ments,	*mientes.*
il ment,	*miente.*
nous mentons,	*mentimos.*
vous mentez,	*mentis.*

I ij

ils mentent,   *mienten.*

Imparfait.

ie mentois,   *mentía.*

Parfait definy.

ie mentis,   *mentì , mentiste ,*
mintiò, mentimos, mentistes, mintieron.

Parfait compofé.

i'ay menty,   *hè mentido.*

Futur.

ie mentiray,   *mentirè.*

Temps incertain.

ie mentirois,   *mentiría.*

Imperatif.

ments,   *miente.*
qu'il mente,   *mienta.*
mentons,   *mentamos.*
mentez ,   *mentid.*
qu'ils mentent,   *mientan.*

Conionctif.

que ie mente,   *que mienta.*

Imparfait.

que ie mentiſſe,   *que mintieſſe.*

Pluſque parfait.

que i'euſſe menty, *que mintièra.*

Futur.

ſi ie ments,   *ſi mintièra,*

Infinitif.

mentir.   *mentir.*

Participe.

menty,   *mentido.*

Gerondif.

en mentant,   *mintiendo,*

Subſtantif.

mentira,   menſonge.
mentirilla.   petite menſonge,
mentidor,   menteur.

Tous les verbes ſuiuans ſe coniuguent comme le verbe *mentir.*
adquirir,   acquerir.
aduertir.   aduertir.
arrepentirſe,   ſe repentir.

gaherir,	reprocher.
enxerir,	enter.
concernir,	co cerner.
dicernir,	dicerner.
conferir.	conferer.
diferir,	differer.
proferir,	proferer.
trasferir,	transferer.
inferir,	inferer.
herir,	frapper.
heruir,	boüillir.
requirir,	rechercher.
sentir,	sentir, & ses comp[
vertir,	verser.
conuertir,	conuertir.

De la seconde irregularité des ver- *bes de la troisiéme coniugaison.*

La seconde irregularité est de ceu[
qui ont la penultiéme syllabe composée d'vn *e*, lequel se doit changer en
i, comme vous verrez dans la coniugaison suiuante.

Coniugaison du verbe **pedir,** *demander.*

ie demande,	pído,
tu demandes,	pides.
il demande,	pide.
nous demandons,	pedimos.
vous demandez,	pédis.
ils demandent,	píden.

Imparfait.

ie demandois,	pedía.

Parfait d fíny.

ie demanday,	pedì.
tu demandas,	pediste.
il demanda,	pidiò.
nous demandasmes,	pedimos.
vous demandastes,	pedistes.
ils demanderent,	pidiéron.

Parfait composé.

i'ay demandé,	hè pedido.

Futur.

ie demanderay,	pediré.

Temps incertain.

ie demanderois , *pediría.*

Imperatif.

demande ,   *pide.*
qu'il demande,   *pida.*
demandons,   *pidamos.*
demandez ,   *pedid.*
qu'ils demandent, *pidan.*

Conionctif.

Present.

que ie demande,   *que pida.*

Imparfait.

que ie demandasse, *que pidiésse.*

Plusque parfait.

que i'eusse demandé, *pidiéra.*

Futur.

quand ie demanderay, *quando pidiére.*

Infinitif.

demander,   *pedir.*

Participe.

demandé,　　　*pedido.*

Gerondif.

demandant,　　　*pidiendo.*

Substantif.

demande,　　　*pedimiento.*

Annotations.

La difference entre *pedir* & *preguntar*, est que *pedir* signifie demander vne grace, vne faueur, ou quelque chose afin qu'on vous la donne : exemple.

pedir limosna, demander l'aumosne. & *preguntar* signifie demander ou interroger quelqu'vn d'vne chose douteuse & incertaine : exemple.

pregunto le la madre, porque auia quitado su empresa, la mere luy demanda, pourquoy il auoit laissé son dessein.

el amo le preguntò si fuesses Rey, que me darias? son maistre luy demanda, ſi tu eſtois Roy, que me donnerois-tu?

me preguntaron de muchas nueuas, ils me demanderent pluſieurs nouuelles, c'eſt à dire, ils m'interrogerent de pluſieurs nouuelles.

pedir con ruegos , demander par prieres.

à pedir de boca , à ſouhait.

pedir celos , demander des choſes par leſquelles nous témoignons eſtre ialoux.

pedir encarecidamente , demander inſtamment.

Les verbes ſuiuans ſe coniuguent comme le verbe *pedir.*

apercebir, apercibo,	i'appreſte.
concebir, concibo,	ie conçois.
coſtreñir, coſtriño,	ie contrains.
ceñir, ciño,	ie ceins.
deſpedir, deſpido,	ie dis adieu.
impedir, impido,	i'empeſche.
elegir, elijo,	ie choiſis.
gemir, gimo,	ie gemis.
henchir, hincho,	i'emplis.
medir, mido,	ie meſure.
recebir, recibo,	ie reçois.

rendir, rindo, ie rends.
reñir, riño, ie tance.
regir, rijo, ie gouuerne.
repetir, repito, ie repete.
seguir, sigo, ie suis, & ses comp.
seruir, siruo, ie sers, & ses comp.
teñir, tiño, ie teins.
vestir, visto, i'habille.
& tous les composez de tous ces verbes qui se coniuguent comme le verbe *pedir.*

Troisiéme irregularité des verbes
reyr, *rire,* & freyr, *frire.*

Indicatif.

Present.

ie ris, *rio, ries, rie, reymos, reys,*
rien.

Imparfait.

ie riois, *réya,*

Parfait definy.

ie ris, *rey,* ou *rì, riste, riò, rimos, ri-*
stes, rieron.

Parfait composé.

i'ay ry,			hè reydo.

Futur.

ie riray,			reiré.

Temps incertain.

ie rirois,			reiría.

Imperatif.

ris toy, *rie, ria, riamos, reid, riau,*

Conionctif.

que ie rie,			que ria.

Imparfait.

que ie risse,			que riésse.

Plusque parfait.

que i'eusse ry			que riéra.

Futur.

quand ie riray,		quando riere.

Gerondif.

en riant,			riendo.

Coniuguez de mesme le verbe
freir, frire.

Quatriéme irregularité des verbes dormir, & morir, *fort consi-* derable pour l'orthographe.

Indicatif.

Present.

ie d rs,	*duérmo.*
tu dors,	*duérmes.*
il dort,	*duérme.*
nous dormons,	*dormimos.*
vous dormez,	*dormis.*
ils dorment,	*duermen.*

Imparfait.

ie dormois,	*dormia.*

Parfait definy.

ie dormis,	*dormi.*
tu dormis,	*dormiste.*
il dormit,	*durmiò.*
nous dormismes,	*durmimos.*
vous dormistes,	*durmistes.*
ils dormirent,	*durmieron.*

Parfait composé.

i'ay dormy,	*hé dormido.*

Futur.

ie dormiray,   *dormirè.*

Temps incertain.

ie dormirois,   *dormiría.*

Imperatif.

dors toy, *duerme, duerma, durma-*
mos, dormid. duerman.

Conionctif.

que ie dorme,
que duerma, duermas, duerma,
durmamos, durmais, duerman.

Imparfait.

que ie dormisse,   *que durmiesse.*

Plusque parfait.

que i'eusse dormy, *que durmiéra.*

Futur.

quand ie dormiray, *quando durmiérs.*

Infinitif.

dormir.   *dormir.*

Participe.

dormy, *dormido.*

Gerondif.

en dormant, *durmiendo.*

Annotations.

dormidòr, ⎫ vn grand pareſſeux.
dormilòn, ⎭

hize gran dormida, ic fis vn grand ſommeil.

V. M. duerme à pierna tendida, vous dormez long-temps & ſans ſoucy.

dormia como vn liròn, il dormoit comme vn loir, c'eſt à dire il eſtoit toûiours endormy.

voſted ſe duerme, vous vous endormez.

duerma la Zorra, qu'il cuue ſon vin.

mi pleyte duerme, on ne parle plus de mon procés.

V. M. no duerme en las pajas, vous ne vous endormez pas quand, il faut agir.

ſe dormia todo, il dormoit de bout il mouroit de ſommeil.

duerme el vino, il repose son vin.
no duerme, mas dormita, il ne dort
pas, mais il dort à demy, il sommeil.

Coniugaison du verbe morir.

Indicatif.

Present.

ie meurs, *müéro, muéres, muére, mo-*
rimos, moris, mueren.

Imparfait.

ie mourois,   *moría.*

Parfait definy.

ie mourus , *morì , moriste , murió,*
murimos, mur.stes, murieron.

Parfait composé.

ie suis mort ,   *soy muerto.*

Plusque parfait.

i'estois mort,   *era muerto.*

Futur.

ie mourray ,   *moriré.*

Temps incertain.

ie mourrois,　　　*moriría.*

Imperatif.

meurs , *muere , muera , moramos ,*
morid , mueran.

Conionctif.

Present.

que ie meure, *muera , mueras , mue-*
ra , muramos , mura s , mueran.

Imparfait.

que ie mourusse, *muriésse.*

Plusque parfait.

que ie fusse mort, *muriéra*

Futur.

quand ie mourray, *quando muriére.*

Infinitif.

mourir ,　　　*morir.*

Participe.

mort,　　　*muerto.*

Gerondif.

en mourant ,　　*muriendo.*

Subſtantif.

la mort,　　　　*la muerte.*
iour des morts,　　*dia de finados.*

Annotations.

Muerto ioint au verbe *hauer*, ſignifie tuer.

V. M. hà ya muerto à dos hombres,
vous auez deſia tué deux hommes.

haueys muerto dos lechónes, vous
auez tué deux cochons.

es muerto peleando, il eſt mort en
combattant.

es muerto ab inteſtato, il eſt mort
ſans faire ſon teſtament.

es muerto con todos ſus ſentidos, il a
parlé & raiſonné iuſques au dernier
ſoûpir.

es muerto à manos del verdugo, il
eſt mort par les mains du bourreau.

es muerto de muerte ſubita, il eſt
mort ſubitement.

muero de ſed ie meurs de ſoif.

murieron de riſa, il rirent tant qu'ils
en penſerent mourir.

ia muero de comer mançanas, ie

meurs d'enuie des manger de pom-
mes

V. M. muere por cafarse , vous
mourez d'enuie de vous marier.

Cinq iéme irrigularité.

La cinquiéme irregularité contien-
dra la coniugaifon de quatre verbes
fort irreguliers, à fçauoir.

dezir,	dire.
venir,	venir.
ir ,	aller.
falir,	fortir.

Coniugaifon du verbe dezir.
Indicatif.
Prefent.

ie dis,	*digo.*
tu dis,	*dizes.*
il dit,	*dize.*
nous difons,	*dezimos.*
vous dites,	*dezis.*
on dit,	*dizen.*

Imparfait.

ie difois,	*dezia.*

Parfait definy.

ie dis,	*dixe.*
tu dis,	*dixiste.*
il dit,	*dixo.*
nous difmes,	*diximos.*
vous diftes,	*dix ftes.*
ils dirent,	*dixeron.*

Parfait compofé.

I'ay dit,	*he dicho.*

Futur.

ie diray,	*diré.*

Temps incertain.

ie dirois,	*diria.*

Imperatif.

dis toy,	*di.*
qu'il die,	*diga.*
difons,	*digamos.*
dites,	*dezid.*

La feconde du pluriel de l'imperatif fe forme toufiours de l'infinitif, changeant *r* en *d*.

qu'ils difent,	*digan.*

Conionctif.

que ie die,	*que diga.*

Imparfait.

que ie diſſe,   *que dixéſſe.*

Pluſque parfait.

que i'euſſe dit,   *que dixéra.*

Futur.

quand ie diray,   *quando dixere.*

Infinitif.

dire,   *dezir.*

Participe.

dit,   *dicho.*

Gerondif.

en diſant,   *diziendo.*

Annotations.

Gran dezidor, grand parleur.
dicho frio, raillerie platte.
dicho bizarro, diſcours galand &
hardy.
de que ſirue dezir todo eſſo ? que
vous ſert-il d'alleguer tant de choſes.
ò la linda dicion, ò la belle parole.
dicho, y hecho, auſſi-toſt dit, auſſi-
toſt fait.
lo dirè en pocas palabras, ie diray
en gros.

dixo à esta sazon, la dessus il dit digame por vida suya, dites-moy vn peu, dites-moy ie vous prie.

Coniugaison du verbe venir.
Indicatif.
Present.

ie viens,	*vengo.*
tu viens,	*vienes.*
il vient,	*viene.*
nous venons,	*venimos.*
vous venez,	*venis.*
ils viennent,	*vienen.*

Imparfait.

| ie venois, | *venia.* |

Parfait dsiny.

ie vin	*vine.*
tu vins,	*veniste.*
il vint,	*vino.*
nous vinsmes,	*venimos.*
vous vintes,	*venistes.*
ils vinrent,	*vinieron.*

Parfait composé.

| iesuis venu, | ⎰ *hé venido.* |
| | ⎱ *soy venido.* |

Ie le coniugue pluſtoſt par le verbe
ſer, que par le verbe *hauer*.

Futur.

ie viendray, *vendrè*, ou *vernè*, &c.

Temps incertain.

ie viendrois, *vendr'a*, ou *vernia*.

Imperatif.

vien toy,	*v'n.*
qu'il vienne,	*venga.*
venons.	*vengamos.*
veniez,	*venid.*
qu'ils viennent,	*vengan.*

Conionctif.

que ie vienne,	*que venga.*

Imparfait

que ie vinſſe,	*que vinieſſe.*

Plusque parfait.

que ie fuſſe venu,	*que viniéra.*

Futur.

ſi ie viens,	*ſi viniere.*

Infinitif.

venir,   *venir.*

Participe.

venu,   *venido.*

Gerondif.

en venant,   *viniendo.*

Annotations.

V. M. sea bien venido, vous soyez
le bien venu.

V. M. sea bien venida, vous soyez
la bien venuë.

V. M. es venido de mólde, monsieur, vous estes venu fort à propos.

cada dia V. M. viene à menos, vous
allez empirant tous les iours.

non me viene à la memoria esto, ie
ne me souuiens pas de cela.

vengo echo vna sopa de agua, ie suis
tout en eau. en sueur.

Le verbe *venir* deuant vn participe signifie estre : exemple.

venia condenado de muchos, il estoit
condamné de plusieurs.

Le verbe *venir* ne signifie pas comme en Italien aller, l'Espagnol se sert
du verbe *yr* : exemple.

L'Italien dit *verrò presto in casa di V.S.*
i'iray bien-tost chez vous : & l'Espagnol dit, *luego irè por ver à V. M.*

Coniugaison du verbe ir, aller.
Indicatif.

Present.

ie vais,	*vóy.*
tu vas,	*vas.*
il va,	*và.*
nous allons,	*vamos, ò ymes.*
vous allez,	*váis, ò ys.*
ils vont,	*vàn.*

Imparfait.

i'allois,	*yua*, &c.

Parfait definy.

ie fus,	*fúy.*
tu fus,	*fuiste.*
il fuft,	*fuè.*
nous fufmes,	*fuimos.*
vous fuftes,	*fuístes.*
ils furent,	*fuéron.*

K

Parfait composé.

i'ay esté,   { *hè ydo.*
              { *soy ydo.*

Ir se coniugue par le verbe *hauer,* ou par le verbe *fer.*

Futur.

i'iray,   *iré.*

Temps incertain.

i'irois.   *yria.*

Imperatif.

va toy,   *ve.*
qu'il aiſſe,   *váya.*
allons,   *vámos.*
allez,   *yd.*
qu'ils allent,   *váyan.*

Conionctif.

que i'aille,   *que váya.*

Imparfait.

que i'allaſſe,   *que fuéſſe.*

Plufque parfait.

que ie fuſſe allé,   *que fuéra.*

Futur.

quand i'iray,   *quando fuére.*

Infinitif.

aller,   *yr.*

Participe.

allé,   *ydo.*

Gerondif.

en allant,   *yendo.*

Annotations.

La difference ne semble pas grande entre *yr* & *andar;* neantmoins les
bons autheurs se seruent de *andar*
pour signifier que quelqu'vn marche
auec haste, ou en des endroits qu'il
n'a pas premeditez : exemple.

*V. M. anda todo el dia de acà pa-
ra allà sin hazer nada*, vous allez
tout le iour deçà & delà sans rien
faire. Il ne seroit pas si bien dit.

V. M. và de acà para allà, parce
que *và* vient du verbe *yr*, qui signifie
aller en des lieux certains & de ter-

minez : exemple , *io voy à enfillar el canallo* , ie vais brider le cheual.

iremos à la lonja para comprar algunas cofas , nous irons à la drapperie pour acheter quelque chofe.

Le verbe *yr* a d'autres fignifications; exemple.

no me và en ello nada , cela ne m'importe pas.

io no le vò en çaga , ie ne luy cede point : car *yr en çaga* , fignifie aller derriere quelqu'vn.

yr fignifie eftre : exemple.

efta nùeua và disfraçada de baxo de otro nombre , cette nouuelle eft déguifée fous vn autre nom.

como fe và V. M. en Paris ? comme vous portez vous dans Paris ?

me và muy bien , ie me porte bien.

el fe irà à la mano , il fçaura fort bien fe gouuerner.

io irè à la parte , i'en feray de moitié.

io me voy en effo , ie fuis intereffé en cela.

Coniugaison du verbe salir, sortir, reüssir, déborder.
Indicatif.

Present.

ie sors,	*salgo.*
tu sors,	*sales.*
il sort.	*sale.*
nous sortons,	*salimos.*
vous sortez,	*salis.*
ils sortent,	*salen.*

Imparfait.

ie sortois,	*salía.*

Parfait definy.

ie sortis, *salì, saliste, salió,
salimos, salistes, saliéron.*

Parfait composé.

ie suis forty,   { *soy salido.*
{ *hè salido.*

Futur.

ie sortiray,   *saldrè.*

Temps incertain.

ie fortirois,   *faldría.*

Imperatif.

fors . *file , falga,*
falgámos , falid , falgan.

Conionctif.

que ie forte, *que falga , falgas , falga,*
falgámos , falgays , falgan.

Imparfait.

qu ie fortiffe ,   *que faliéffe.*

Plufque parfait.

que ie fuffe forty, *que faliera,*

Futur.

quand ie fortiray, *fi faliére.*

Infinitif.

fortir, reüffir,   *falir.*

Participe.

forty,   *falido.*

Gerondif.

en fortant,   *faliendo.*

Substantif.

sortie,   *salida.*

Annotations.

Muchas vezes sale de madre la Sena, la Seine déborde souuent.

salì con mi intento, i'y reüssis fort bien.

no me salen los huessos, les os ne me percent pas la peau.

io saldrè al corso de la Reyna, ie m'en iray au cours de la Reine.

saliò de la religion, il ietta le froc aux orties.

salese mi jarro, mon pot s'enfuit, il est feslé.

io me salgo à leciones, ic m'en vais faire mes leçons.

saliò à hora, il ne fait que de sortir.

saldra con lo que se emprende, il viendra à bout de ce qu'il entreprend.

al salir de la cama saliò al campo, au saut du lit il s'alla battre en düel.

saliò deste peligro, il se retira du pair.

V. M. saldrà con sus amores, vous viendrez à bout de vos amours.

K iiij

De la sixiéme irregularité.

La sixiéme irregularité comprend les verbes terminez en *zir*, qui font leur present en *go* : & premierement des verbes qui font deriuez du verbe *duzir* qui n'a iamais esté en vsage, mais ceux qui en font compofez ont des belles fignifications , à fçauoir.

conduzir,	conduire.
deduzir,	deduire.
induzir,	induire.
introduzir,	introduire.
produzir,	produire.
reduzir,	reduire.
seduzir,	seduire.
traduzir.	traduire.

Secondement tous les autres verbes terminez en *zir*, comme :

azir,	saifir.
luzir,	luire.
nuzir,	nuire. &c.

Coniugaison du verbe conduzir, fur laquelle on coniuguera tous les autres.

Indicatif.

Prefent.

ie conduis,	condufgo.
tu conduis,	conduzes.
il conduit,	conduze.
nous conduifons,	conduzimos.
vous conduifez,	conduzis.
ils conduifent.	conduzen.

Imparfait.

ie conduifois,	conduzia.

Parfait definy.

ie conduifis,	conduzi.

Parfait composé.

i'ay conduit,	hè conduzido.

Futur

ie conduiray,	conduziré.

Temps incertain.

ie conduirois,	conduziria.

K v.

Imperatif.

conduis,	*conduze,*
qu'il conduise,	*condufga.*
conduisons,	*condufgámos.*
conduisez,	*conduzid.*
qu'ils conduisent,	*condufgan.*

Conionctif.

que ie conduise,   *que condufga.*

Imparfait.

que ie conduisisse, *que conduziésse.*

Plusque parfait.

que i'eusse conduit, *que conduziéra.*

Futur.

quand ie conduiray, *quando conduziére.*

Infinitif.

conduire, guider, *conduzir.*

Participe.

conduit, mené, *conduzído.*

Gerondif.

en conduisant,   *conduziendo.*

Subſtantif.

conduɛto, guia, conduite, guide.
ſaluo conduɛto, paſſe-port.
cond. ʒ dor, conducteur.
conduɛta, conduta, condvcho, com-
miſſion pour leuer des gens de guerre.

De la ſeptiéme irregularité.

La ſeptiéme irregularité comprend
les verbes *oyr. ſalir*, & quelques verbes terminez en *üyr*, qui font leur
preſent en *üyo*: exemple.
inſtruir, inſtruyo,   i'inſtruis.
inſtituyr, inſtitüio,   i'ordonne.

Coniugaiſon des verbes oyr, & azir, ſaiſir, prendre.

Temps preſent.

ie ſaiſis, *aſgo, ázes, áʒe,
azimos, azis, áʒen.*
Tous les temps ſe coniuguent comme le verbe *conduʒir.*

❧

K vj

oyr, *oüyr, entreprendre.*

Indicatif.

Temps present.

i'entends, *óigo, óyes, óye,
óymos, óys, óyen.*

Parfait desiny.

i'entendis, *oy, oyste, oyò,
oymos, oystes, oyéron.*

Futur.

ioüiray,   *oyrè.*

Imperatif.

entends, *óye, óyga,
oygámos, oyd, óygan.*

Infinitif.

oüir,   *oyr.*

Participe.

oüy,   *oydo.*

Gerondif.

en oüyant,   *oyendo.*

Subſtantif.

oyendo, le ſens de l'oüye
ſer teniente de oydo, eſtre dur d'o-
reille.
  hablar al oydo, parler à l'oreille.

Des verbes terminez en üir, conſtituir, *ordonner.*

i'ordonne,   *conſtituyo*, &c.
coniuguez le reſte ſur le verbe regu-
lier *anadir.*

Des verbes imperſonnels.

  I'appelle verbes imperſonnels ceux
qui ne ſe peuuent coniuguer qu'à
la troiſiéme perſonne de quelques
temps : exemple.
lliene,   il pleut.
acontece,   il arriue.
  Il y a des imperſonnels de la premiere, ſeconde, & troiſiéme coniugaiſon.

Impersonnels de la premiere con-
iugaison.

à mi me peſa ,	il me faſche.
à mi importa ,	il m'importe.
à mi me agrada ,	cela m'aggrée.
à mi me tocca ,	c'eſt à moy.
antojame ,	ie m'imagine.
accordame ,	il me ſouuient.
enfadame ,	ie ſuis dégouſté.
baſta ,	il ſuffit.
nieua ,	il neige.
guſtame ,	ie prens plaiſir.
graniza ,	il greſle.
truena .	il tonne ,
relampeguéa ,	il éclaire.
eſcámpia .	la pluye ceſſe.

Les troiſiémes perſonnes de tous les
temps de ces imperſonnels ſont ſemblables , à toutes les troiſiémes perſonnes du verbe *tomar.*

Impersonnels de la seconde coniu-
gaison qui se coniuguent comme
le verbe responder.

acontece,	il arriue.
acaece,	il aduient.
amanece,	il fait iour.
anochece,	il fait nuit.
conuiene,	il faut.
pareceme.	il me semble.
plazeme.	il me plaist.
llueue,	il pleut.
pertenece,	il appartient.
es menester,	il est de besoin.
ay,	il y a.

Coniugaison du verbe imperson-
nel ay.

Temps present.

ay.	il y a.
auia.	il y auoit.
huuo.	il y eut.
huuo auido,	il y a eu.
auia auido,	il y auoit eu.
aurà,	il y aura.
auria,	il y auroit.

que aya.	qu'il y ait.
que huuieſſe,	qu'il y eut.
que huuiéra.	qu'il y eut eu.
ſi huuiére,	s'il y a.
auer,	y auoir.
auer auido.	y auoir eu.
auiendo,	y ayant.

Les temps du verbe imperſonnel *auer*, n'ont point de pluriel.

Imperſonnels de la troiſiéme con-iugaiſon.

Se dize, ou *dizen*, on dit. car la particule *ſe* fait que la pluſpart des verbes actifs ſont imperſonnels.

DV PARTICIPE.

LE Participe cinquiéme partie ou parole de la Langue Eſpagnole, eſt vn mot qui deriue du verbe, & s'accorde comme vn adiectif auec les noms ſubſtantifs, de ſorte qu'il participe à leurs genres & à leurs nombres : exemple.

hombre querido,	homme aimé.
muger querida,	femme aimée.
hombres queridos,	hommes aimez.
mugéres queridas,	femmes aimées.

Des Participes.

Les participes ſont reguliers, ou irreguliers.

Des participes de la premiere coniugaiſon.

Les participes de la premiere coniugaiſon ſont tous reguliers, changeant *r* de l'infinitif en *do* : exemple.

acabar,	*acabádo,*	finy.
aguardar,	*aguardado,*	attendu.
alabar,	*alabado,*	loüé.

Excepté.

ſoltar,	*ſuelto,*	délié.
deſpertar,	*deſpierto,*	éueillé.

Vous remarquerez donc que dans la coniugaiſon du verbe *deſpertar,* i'ay mis au participe *deſpertado,* & non *deſpierto :* mais il faut dire *deſpierto,* & non *deſpertado,* qui eſt vne parole ordinaire à la populace.

Des participes de la seconde coniugaiſon.

Les participes de la ſeconde coniugaiſon ſont reguliers, & ſe forment de l'infinitif, en changeant *er* en *ido :* exemple.

apetecer,	*apetecido,*	ſouhaitté.
embobecer,	*embobecido,*	hebeté.
barrer,	*barrido,*	balayé.
ſorber,	*ſorbido,*	humé.

Excepté.

boluer,	*buelto,*	tourné.

hazer,	hecho,	fait.
poner,	puesto,	mis.
ver,	visto,	veu.

Des participes de la troisiéme con-iugaison.

Les participes de la troisiéme con-iugaison sont reguliers en changeant *r* en *do* : exemple.

sacudir,	sacudido,	secoüé.
vnzir,	vnzido,	attelé.
zaherir,	zaherido,	reproché.

Excepté.

abrir,	abierto,	ouuert.
cubrir,	cubierto,	couuert.
confundir,	confuso,	confus,
dezir,	dicho,	dit.
escriuir,	escrito.	écrit.
morir,	muerto,	mort.

Annotations.

Il y a dans les Langues vn certain participe qui marque vn temps pre-fent, & qui se forme du gerondif changeant *do* en *te :* exemple.

de *tomado*, *tomante*, prenant.

de *leyendo,*   *leyente,*   lifant.
de *pidiendo, pidiente,*   demandant.

Mais il me femble que c'eft pluftoft
vn fubftantif qu'vn participe, & qui
n'eft pas beaucoup en vfage chez les
Efpagnols , car ils vfent pluftoft de
circonlocution, c'eft à dire d'vne autre maniere de parler : exemple.

el che leye ,   pour *el leyente.*
el che efcriue, pour *el efcriuiente.*
el che pide ,   pour *el pidiente.*

Ie vous ay dit, & ie dis encore que
les participes ioints à tous les temps
du verbe *hauer,* ne changent point
leur termaifon mafculine du fingulier, ny pour le nombre, ny pour le
genre des noms fubftantifs qui les
accompagnent : exemple.

io he *leydo las cartas que V. M.*
ha efcriuido , i'ay leu les lettres que
vous auez écrit.

io *haura traydo cien ducados ,* i'a-
uois porté cent ducats.

Mais auec le verbe *fer* le participe
change comme en François, de genre
& de nombre : exemple.

io ſoy pintado,   ie ſuis peint.
io ſoy pintada,   ie ſuis peinte.
ſomos pintados, nous ſommes peints.
ſomos pintadas, nous ſommes peintes.

Annotations ſur les participes de la ſignification paſſiue.

Ie croy qu'il eſt à propos de mettre icy vn temps compoſé des verbes paſſifs que i'ay negligé de mettre au feüillet 119. afin de faire voir comme le verbe *ſer* ne prend pas dans ſon participe le genre ny le nombre des noms ſubſtantifs.

i'ay eſté pris,   *io hé ſido tomado.*
i'ay eſté priſe,   *io hé ſido tomada.*
tu as eſté priſe,   *has ſido tomada.*
elle a eſté priſe,   *hà ſido tomada.*
nous auons eſté priſes, *ſomos ſido tomadas.*
vous auez eſté priſes, *ſoys ſido tomadas.*
elles ont eſt priſes, *ſon ſido tomadas.*

DE L'ADVERBE.

L'Adverbe sixiéme partie de la Langue Espagnole, est vn mot qui accompagne les verbes pour en augmenter la signification, exemple: *étudier parfaitement : parfaitement* est vn aduerbe qui accomplit la signification d'étudier.

L'aduerbe accompagne souuent les noms, exemple: *parfaitement beau:* où l'on voit que l'aduerbe *parfaitement* accomplit la signification de l'adiectif *beau.*

Il y a des aduerbes de plusieurs significations, à sçauoir.

de temps,	*de tiempo.*
de lieu,	*de lugar.*
de qualité,	*de calidad.*
de quantité,	*de cantitad.*
d'affirmer,	*de afirmar.*
de nier,	*de negar.*
d'interroger,	*de preguntar,*
de douter,	*de audar.*

rarement,	*raras vezes.*
d'appeller,	*de llamar.*
de desirer,	*de dessear.*

Des aduerbes de temps.

hier,	*ayèr.*
auant-hier,	*anteayer.*
auiourd'huy,	*oy.*
auiourd'huy matin,	*oy por la mañana.*
ce soir,	*oy por la tarde.*
auiourd'huy aprés disner,	*oy despues de comer.*
demain,	*mañana.*
demain matin,	*mañana, por la mañana.*
demain au soir,	*mañana por la tarde.*
de matin,	*por la mañana.*
le soir,	*por la tarde.*
aprés disner,	*despues de comer.*
maintenant,	*aóra, agóra.*
de bonne heure,	*tempráno.*
tard,	*tarde.*
à contre-temps,	*à deshóra.*
plusieurs fois,	*muchas vezes.*
peu souuent,	*pocas vezes.*

 Des aduerbes de temps.

il y a peu,   *poca hà.*
il y a peu de iours, *pocos dias hà.*
il y a long-temps, *muchos dias hà.*
alors.   *entonces.*
en ce temps-là,   *en esta sazon.*
cependant,   { *mientras.*
     { *entretanto.*
iusques à quand dormirez-vous, *hasta quando dormirà V. M.*
iusques à demain, *hasta mañana.*
iusques à midy,   *hasta medio dia.*
combien de fois priez-vous Dieu, *quantas vezes ora à Dios V. M.*
chaque moment, *cada rato,*
chaque heure, *cada hora.*
chaque iour, *cada dia.*
dés que ie me leue, *desde que me leuanto, ou desque me leuanto.*
combien de mensonge dites-vous, *quantas mentiras dize V. M.*
pas-vnes. *ningunas.*
iamais, *nunca jamas.*
souuent, *a menudo.*
tousiours, *siempre.*
quand viendrez-vous *quando irà V. M.*

quand

quand il vous plaira, *quando V. M.*
  quifiére, ou *quando quiere.*
maintenant,   *luego.*
auſſi-toſt que,   *luegoque.*
encore,   *aun.*
donc,   *luego.*
puis aprés,   *luego.*

Des aduerbes de lieu.

icy en ce lieu,   *aqui.*
là, en ce lieu-là,   *alli, ay.*
  & quand il y a mouuement.
icy,   *acà.*
en ce lieu-là,   *aculla.*
là en cet endroit,   *allà.*
delà,   *de ay.*
de delà,   *de alli.*
de deçà,   *de aqui.*
où allez-vous,   *dò và V. M.*
par icy,   *por à qui.*
par là.   *por ay, alli.*
où,   *adonde.*
où,   *ado,*
où,   *dò.*
vers Paris,   *házia à Paris.*
loin de Roüen,   *lexos de Roan.*

Aduerbes de qualité.

bien,	bien.
mieux,	mejor.
mal,	mal.
pis,	peor.
tres-mal,	malamente.
volontiers,	de buena gana.
tout exprés,	adrede, aposta.

Les adiectifs feminins forment les aduerbes de qualité : exemple.

de *cuerdo, cuerda, cuerdamente*, sagement.

ainsi de tous les autres.

affectueusement,	ahincadamente.
de bel air,	ayrosamente.
aisément,	facilmente.
à l'amiable,	amigablemente.
audacieusement,	atreuidamente.
aueuglément,	ciegamente.
badaudement,	tontamente.
gentiment,	lindamente.
brusquement,	sacudidamente.
chichement,	mezquinamente.
ciuilement,	comedidamente.
considerément,	atinadamente.

fans contrainte,	*libremente.*
courageufement,	*esforçadamente.*
couuertement,	*encubiertamente.*
débordément,	*defenfrenadamente.*
à la defefperade,	*perdidamente.*
déloyalement,	*aleuofamente.*
démefurément,	*defaforadamente.*
défordonnément,	*defcompueftamente.*
difcretement,	*recatadamente.*
dolemment,	*congoxadamente.*
douteufement,	*recelofamente.*
effrontément,	*defuergonçadamente.*
ennyeufement,	*pefadamente.*
entierement,	*cumplidamente.*
fadement,	*defabridamente.*
fort & ferme.	*fuertemente.*
fraifchement,	*nueuamente.*
froidement,	*friamente.*
gaillardement,	*alegramente.*
de mauuaife grace,	*defcomedidamente.*
groffierement,	*tofcamente.*
hardiment,	*ofadamente.*
haftiuement,	*apreffuradamente.*
heureufement,	*dichofamente.*
inciuilement,	*defdonadamente.*
legerement,	*liuianamente.*

sous-main,	*secretamente.*
par mégarde,	*descuydadamente.*
mignardement,	*regaladamente.*
mignonnement,	*galanamente.*
laschement,	*floxamente.*
nettement,	*limpianamente.*
nüement,	*llanamente.*
opiniastrément,	*porfiadamente.*
passionnément,	*appasionadamente.*
à plomb,	*perpendicolarmente.*
principalement,	*mayormente.*
à rauir,	*estremadamente.*
simplement,	*senzillamente.*
sottement,	*neciamente.*
superflument,	*sobradamente.*
auec trouble,	*abborotadamente.*
de viue voix,	*verbalmente.*

Remarquez aussi que de deux de ces aduerbes mis ensemble le premier peut perdre *mente : exemple:*

necia y senzillamente , sottement & simplement.

prudente y pulidamente , prudemment & gentilment.

Des aduerbes de quantité.

Peu,	*poco.*
vn peu plus,	*poco mas.*
vn peu moins,	*poco menos.*
vn petit petit,	*poquíto, poquillo.*
tres-peu,	*muy poco.*
fort peu,	*poquissimo.*
assez,	*assaz.*
suffisamment,	*harto.*

harto se met auec les noms adiectifs, comparatifs, verbes & aduerbes : exemple,

fort malheureux,	*harto desdichado.*
fort facilement,	*harto facilmente.*
il a mangé suffi- samment.	*hà comido harto.*
beaucoup,	*harto mejor.*
beaucoup,	*mucho.*
beaucoup plus,	*mucho mas.*
beaucoup,	*muy.*

qui se ioint aux adiectifs & aduerbes seulement : exemple.

fort bon,	*muy bueno.*
tres-bien,	*muy bien.*
en tres-grande quantité,	*muy mucho.*

Tanto a pour relatif *quanto* & *como:*
exemple.

autant beau que discret, *tanto lindo , quanto discreto* , ou *tanto lindo,
como discreto.*

vous m'en direz tant que ie le croi-
ray, *tanto me dirà V. M. que lo creeré.*
où l'on voit *que* répondre à *tanto* , à
cause des deux verbes *dirà* & *creeré.*

Tan & *quan* sont abregez de *tanto*
& *quanto* ; ils accompagnent aussi les
noms adiectifs & les aduerbes : exemple.

tan liberalmente quan doroſamente,
autant liberalement, comme gratieu-
sement.

*io tengo dos hijas tan ſabias , quan
hermoſas* , i'ay deux filles autant sages
que belles.

Des Aduerbes d'Affirmation.

Oüy monsieur,	*si segnor.*
oüy madame,	*si segnora.*
il est vray,	*es verdad.*
oüy vrayement,	*si por cierto.*
en verité,	*en verdad.*

cela va ainfi,	*affi es.*
affeurément,	*si cierto.*
auffi encore,	*tambien.*
vous auez raifon,	*V. M. tiene razon.*

Aduerbes de Negation.

non monfieur,	*nò fegnor.*
non madame,	*nò fegnora.*
non affeurément,	*nò por cierto.*
iamais,	*jamàs.*
non iamais,	*nunca.*
iamais,	*nunca jamàs.*
moins,	*menos.*
ny moins,	*ny menos.*
ny encore,	*tampoco.*
rien,	*nada.*

Aduerbes de defirer.

Dieu veuille, pleuft à Dieu que,	*oxalà.*
Dieu veuille que,	*plegue, ò plega à Dios que.*
pleuft à Dieu que,	*pluguieffe, ò pluguiera à Dios que.*

L iiij

pleuſt à Dieu que, { *anſi fueſſe,* / *ô ſi.*

Dieu veüille que, *quiera à Dios que.*

Aduerbes demonstratifs.

voicy,	*hè aqui.*
le voicy,	*helo aqui.*
le voilà,	*helo alli.*
le voicy,	*ves aqui.*
le voilà,	*ves alli.*

Aduerbes d'interroger.

Pourquoy dorme z-vous, *paraque duerme vſted?*

pourquoy riez-vous, *à que propoſito ries?*

pourquoy ne riray-ie pas, *porque nò?*

comme ſe portent-ils, *como eſtan.*

que faites-vous, *que haze V. M.*

Aduerbes de douter.

Cela peut eſtre, *puede ſer.*

peut-eſtre, *quiça.*

par hazard, { *à caſo,* / *por ventura.*

Aduerbes d'appeller.

ho, comme vous appellez - vous,
como se llama?
  holà, *olà.*
  ho monsieur, *ah segnor.*

Aduerbes personnels.

Auec luy, auec elle, auec eux, auec
elles, *con sigo.*
  auec toy, *con tigo.*
  auec moy, *con migo, comigo.*

Aduerbes irreguliers,

Composez des articles, & des noms
  substantifs, adiectifs, ou verbes.

Aduerbes composez,

Des genitifs des articles & des
noms.

d'Abord,   *de primo encuentro.*
d'Accord,   *de consuno.*
en l'Air,   *de buelo.*
à l'Amiable.   *de concierto.*
aux longues Années, *de por vida.*
Aprés Dieu,   *de Dios abaxo.*
l'vn Aprés l'autre, *de mano en mano.*

des plus Auant en cour, *de los mas cabidos.*

de là en Auant,	*de alli adelante.*
d'Auant main,	*de antemano.*
d'Auprés,	*de acerca.*
Aussi que,	*de mas que.*
Autrement,	*de otra manera.*
à Bas,	*de yuso.*
de plus Belle,	*de nueuo.*
tout de Bon,	*de veras.*
de Bond,	*de resurto de bote.*
sur le Bout du doigt,	{ *de coro.* / *de corrida.* }
de Bout en bout,	*de vn cabo al otro.*
de Bref,	*de aqui à vnpoco.*
But à but,	*de parejas.*
çà & là,	*de aca poralla.*

depuis trois iours en çà, *de tres dias à esta parte.*

tout d'vn Chemin,	*de golpe.*
de bon Cœur,	*de buena gana.*
par Cœur,	*de coro.*
Comme quoy?	*de che manera?*
argent Content,	*de cortado.*
à Contre-cœur,	*de mala gana.*
à Contre-fil,	*de soslayo.*

de Cofté,	*de lado.*
à Coup,	*de rendon.*
tout d'vn Coup,	*de vna fola vez.*
en Croupe,	*de ancas.*
de Cul & de tefte,	*de coz, y de hoz.*
Cy-deffous,	*de baxo.*
Dans trois iours,	*de aqui à tres dias.*
du Dedans,	*de la parte de dentro.*
de Dehors,	*de fuera.*
du Dehors,	*de la parte de fuera.*
De là,	*de otra parte.*
De ces quartiers là,	*de alla.*
en De là,	*de la otra parte.*
Demain au matin,	*de mañana.*
Derriere,	*de çaga, de tras.*
au Dépourueu,	*de rebato.*
de Deffus,	*de fobre.*
Deux à deux,	*de dos en dos.*
Dorénauant,	*de oy en adelante.*
De droit fil,	*de hilera.*
par l'Endroit d'v-	*de haz.*
ne étoffe,	
Entre luy & moy,	*de mi à el.*
Enuiron cent pas,	*de cien paffos obra.*
à bon Efcient,	*de veras.*
Entre deux fers,	*de pefo ygual.*

L vj

de Fil en aiguille,	*de hilo.*
tout d'vn Fil,	*de vn mismo rato.*
File à file ,	*de hilera.*
de Fois à autre,	*de quando en quande.*
de Fonds en comble ,	*de rayz.*
de Front,	*de par en par.*
au Galop,	*de galope.*
de Gayeté de cœur,	*de buena gana.*
à Genoux,	*de rodillas.*
de tres-bon Gré,	*de muy buena gana.*
de Gaet à pens,	*de caso pensado.*
tout d'vne haleine,	*de golpe.*
sur le Haut du iour,	*de claro dia.*
Haut en couleur,	*de calor encendido.*
de bonne Heure,	*de madrugada.*
en mauuaise hu-	*de mala gana.*
meur.	
par Ieu,	*de burlas.*
à l'Impourueu,	*de improuiso.*
du grand Iour,	*de dia claro.*
sur le Iour,	*de dia.*
de tous les Iours,	*de entre semana.*
Là où,	*de maneraque.*
Lentement, à loisir,	*de espacio.*
de Loüage,	*de alquiler.*
Mal en pis,	*de mal en peor*

pour Neant,	*de balde.*
de Nuit,	*de noche.*
Nullement,	*de ninguna manera.*
à l'Opposite,	*de frente.*
d'Orénauant,	*de oy en adelante.*
d'Outre,	*de allende.*
Outre cela,	*de mas desto.*
d'Outre en outre,	*de claro en claro.*
de Pardeçà,	*de aca.*
de Pardelà,	*de alla.*
en Passant,	*de camino.*
en galere à Perpe-tuité,	*de por vida.*
au Pied leué,	*de improuiso.*
de Pied en cap,	*de pies à cabeça.*
d' Plat,	*de plano.*
de Plein saut,	*de salto.*
tout à Plein,	*del todo.*
de point en blanc,	*de punto en blanco.*
au Prealable,	*de primero.*
de Prime abord,	*de prima b⋅z.*
de Prime saut,	*de primer salto.*
Promptement,	*de repente*
de Propos deliberé,	*de caso pensado.*
à pur & à plein,	*de lleno, del todo.*
Purement,	*de puro.*

Que oüy,	*de sì.*
Que non,	*de no.*
à la Queuë,	*de çaga.*
à Quoy sert,	*de que sirue.*
de Rabais,	*de descuento.*
à Regret,	*de mala gana.*
par Rencontre,	*de recuentro.*
de Renfort,	*de mas.*
de Rang, en rang,	*de mano en mano.*
de Renuoy,	*de retorno.*
de Reuers,	*de cotin.*
en Risée,	*de burlas.*
Sans dessus des-sous,	*de arriba abaxo.*
Si bien que,	*de manera que.*
à simple Semelle,	*de suela delgada.*
entre deux Soleils,	*de sol à sol.*
de Soy-mesme,	*de por si.*
en Suite dequoy,	*de modo que.*
en Sursaut,	*de sobresalte.*
de Surplus,	*de mas.*
Tantost, dans peu,	*de aqui a poco.*
à Tas,	*de monton.*

Des *Aduerbes irreguliers,*

Compoſez du datif des articles , &
des noms ſubſtantifs.

A peine,	*à peñas.*
à plaiſir,	*à plazer.*
à la haſte,	*à prieſſa.*
par haſard ,	*à caſo.*
à la pareille ,	*à la par.* *à las parejas.*
enſemble, à coſté,	*à par.*
à l'écart,	*à parte.*
d'vn coſté,	*à vna parte.*
en cachette,	*à hurto.* *à hurtadillas.*
de nuit,	*à eſcuras.*
au lieu, à l'appetit,	*à trueque.*
à quatre pieds,	*à gátas.*
à rebours,	*al reuès.*
à trauers,	*al tranès.*
à reculons,	*arrecubas.*
à ſon auantage ,	*à ſu ſaluo.*
par bon-heur,	*à dicha.*
à tout haſard,	*à todo rieſgo.*
en arriere,	*à tras.* *à riedro.*

quelquefois,	{ à vezes.
	{ à ratos.
à voſtre barbe,	à peſar de vos.
à baſtons rompus,	à remiendas.
de bouche,	à boca.
à bouleueuë,	à bulto.
à chaque bout de champ,	à cada trecho.
à force de pouſſer,	à empuxones.
en eſtat de faire,	à pique de hazer.
à tours de bras,	à fuerça de braços.
bras deſſus, bras deſſous,	à braço partido.
à bride abatuë,	à rienda ſuelta.
à toute bride,	à todo correr.
brin à brin,	à peçados.
en cachette,	à ſocapa.
à la charge que,	à tal que.
à claque dents,	à carrilladas.
à compoſition,	à partido.
au bout du compte,	al fin.
corps à corps,	à ſolas.
ou coucher du ſoleil,	al poner del ſol.
à ſoleil leuant,	al ſalir del ſol.

à la couchée,   *a la posada.*
à coups de baſtons, *a palos.*
à coups de mar-   *à martilladas.*
    teaux,
à coups de pied,   *à cozes.*
à coups de pierre, *à pedradas.*
à coups de poi-   *à puñaladas.*
    gnard,
à coups de cou-   *à cuchilladas.*
    ſteau,
au reſte,   *à lo demas.*
à la débandade,   *à la deshilada.*
à la décharge,   *al deſcuento.*
librement,   *à la llana.*
aux dépens,   *à coſta.*
en dépit,   *à peſar.*
à deſſein,   *à drede.*
deux à deux,   *à pares.*
à la douzaine,   *à dozenadas.*
à droit,   *à man derecha.*
à gauche,   *à maniſquierda.*
dru & menu,   *à menudo.*
embas,   *abaxo.*
en haut,   *arriba.*
à l'enuy,   *à porfia.*
à lerte,   *à lerta.*

à l'écart,	*à parte.*
à l'épreuue,	*à prueua.*
exprés,	*à posta.*
à la façon,	*à l'vso.*
à ma fantaisie,	*à mi modo.*
parfois,	*à renuda.*
à force de coups,	*à puros golpes.*
à forçons,	*à hor cadas.*
à la friscade,	*al friesco.*
au petit galop,	*à media rienda.*
au grand galop,	*à toda rienda.*
au giste,	*à la posada.*
à gré,	*à gusto, à pelo.*
hardiment,	*à osadas.*
ny haut ny bas,	*à médio áyre.*
à haute voix,	*à bozes.*
à heure induë,	*à deshora.*
de deux iours l'vn,	*al segundo dia.*
iusques au reuoir,	*à veres.*
à lettre veuë,	*à vista.*
tout au long,	*al rays.*
à la longue,	*à la larga.*
à la lueur,	*al resplandor.*
à midy,	*à medio dia.*
à midy & demy,	*à las doze y media.*
au moins,	*à lo menos.*

par monceaux,   *à montones.*
à petits morceaux, *à bocadillos.*
à la nage,   *à nado.*
à nœud coulant, *à ñudo corredizo.*
hier au soir,   *à noche.*
à outrance,   *à guerra mortal.*
ouuertement,   *à la clara.*
parmy, ensemble, *à bueltas.*
à part,   *à solas.*
en son particulier , *à sus solas.*
en quelle part que *à do quiera.*
   ce soit,
en pas de loup,   *à gatas.*
à grand pas,   *à passo tendido.*
sur le pied de,   *al piè.*
à poignée,   *à manojos.*
à point,   *à tiempo.*
sur le point du iour, *al alua.*
à porte ouurant,   *al abrir de la puer-*
       ta.
à porte fermant, *al cerrar de la puerta.*
à la portée du canon, *al tiro de la ar-*
       tilleria.
à pot & à rost,   *à pan y cuchillo.*
à quitte ou à dou- *al resto abierto.*
   ble,

à faculté de rachapt, *al quitar.*
en campagne rafe, *à rafo.*
à rechange,   *à remuda.*
en réchignant,   *à regañadientes.*
à fon rang,   *à fu vez.*
par reprifes,   *à ratos.*
à la requefte,   *à peticion.*
à la referue,   *à fuera.*
au refte,   *à lo dema.*
à toute refte,   *à todo ruedo.*
au reuoir,   *à mas ver.*
ric à ric,   *à cercen.*
à toute rigueur,   *à punto crudo.*
tout à la ripaille,   *à rebatiña.*
à tout rompre,   *à lo mas,*
en rond,   *à la redonda.*
à la ronde,   *al rededor.*
à fac,   *à faco.*
au faut du lit,   *al falir de la cama.*
à fec,   *à fecas.*
par fecouffes,   *à rempuxones.*
fans deuant derriere,   *al reues.*
à fouhait,   *à gufto.*
en feureté,   *à buen recaudo.*
au dernier foûpir,   *al follipo.*
fur cela,   *à efta fazon.*

ſur la brune,	*al anochecer.*
ſur la minuit,	*à media noche.*
ſur eſtant moins,	*à buen cuento.*
au ſurplus,	*à lo demas.*
en ſurſaut,	*à ſaltos.*
à table d'hoſte,	*à paſto.*
tantoſt l'vn tan-toſt l'autre,	*à vezes.*
ſur le tard,	*à la tarde.*
à la taſche,	*à deſtayo.*
à taſtons,	*à tientas, à tiento, à tino.*
en temps & lieu,	*à ſu tiempo.*
au tiers & au quart,	*à cada vnò.*
à tire d'œil,	*à buelo.*
à ſon tour,	*à ſu vez.*
tour à tour,	*à vegadas, à bueltas.*
en train,	*à pique.*
à trauers,	*al traſte.*
à la trauerſe.	*à la improuiſta.*
vers Madrid,	*à la buelta de Madrid*
à la verſe,	*à cautaros.*
à veuë de païs,	*à ojo.*
aueugletes,	*à ciegas.*
au vif,	*al natural.*
à ma volonté,	*à mi antojo.*
à la volée,	*al deſcayre.*

Aduerbes de nombre.

Vne fois,	*vna vez.*
deux fois,	*dos vezes.*
trois fois,	*tres vezes.*
quatre fois,	*quatro vezes.*

& ainſi conſecutiuement iuſques à cent.

cent fois,	*cien vezes.*
mille fois,	*mil vezes.*
cent mille fois,	*cien mil vezes.*
deux à deux,	*de dos à dos.*
trois contre trois,	*à tré à trè.*
la premiere fois,	*la primera vez.*

nous irons nous battre deux contre deux, *iremos à pelear à dos, à dos,* ou bien,

tantos à tantos, autant d'vn coſté comme de l'autre.

DE LA PREPOSITION.

LA prepofition feptiéme partie de la Langue Efpagnole, eft vne parole qui fe met deuant les autres, à fçauoir deuant les noms, pronoms, verbes & aduerbes.

Les prepofitions peuuent eftre feparables ou infeparables.

Les infeparables ne font pas de confequence : i'en mettray vn exemple, de là ie traiteray des feparables.

reboluer,   retourner.

re, eft vne prepofition infeparable, qui de foy ne fignifie rien, fi ce n'eft lors qu'elle eft iointe à des noms ou à des verbes.

Des propofitions feparables.

Les prepofitions feparables fe mettent deuant les noms & les pronoms, & veulent aprés elles l'article definy, ou indefiny.

Les vnes demandent le genitif :
Les autres le datif :
Les autres l'accuſatif.

Vous remarquerez que l'accuſatif
& le nominatif ſont ſemblables en
Eſpagnol, comme ils ſont ſemblables
en François.

Prepoſitions qui gouuernent le Ge-
nitif, & qui ſont miſes par
antitheſe.

Acerca de V. M. ou *cerca de*	
V. M. auprés	de vous.
lexos de V. M.	loin de vous.
antes de V. M.	deuant vous.
detras de V. M.	derriere.
deſpues de,	aprés.
dentro,	dans.
fuera,	dehors.
encima,	au deſſus.
de lante,	deuant.
de baxo,	deſſous, ſous.
en frente,	vis à vis.
à eſcondidas,	en arriere.
de recho,	vis à vis, droit.
la buelta,	du coſté, vers.
riberas,	le long d'vne riuiere.

de

de mas,	outre.
al deredor,	au tour.
à trueque,	à l'appetit.
à rayz,	tout ioigant.
en lugar,	au lieu.
à baxo,	aprés.

de vosted à baxo nada quiero, aprés vous ie n'aime rien.

de diez semanas en esta parte, depuis dix semaines.

Prepositions qui gouuernent le datif.

Ante à vosted,	⎱ deuant vous.
ante vosted,	⎰
junto à osted,	auprés de vous.
enquanto al Rey,	quant au Roy.
entorno à Paris,	au tour de Paris.

Prepositions qui gouuernent l'accusatif.

Allende,	au delà.
aquende,	au deçà.
son,	auec, contre.

M

cabe,   auprés.
contra,   contre.
deſde,   depuis.
excepto,   excepté.
en,   en, dans, au.
entre,   entre.
haſta,   iuſques.
házia,   vers.
por,   par, pour.
para,   pour.
pora con,   enuers.
ſin,   ſans.
ſobre,   ſur.
ſaluo,   ſauf.
ſegun,   ſelon.
tras,   derriere, aprés.

DE L'INTERIECTION.

L'INTERIECTION huitiéme partie de Langue Espagnole, est vn mot que l'on introduit au discours pour marquer des sentimens de ioye, de douleur, de priere, d'admiration, de dédain, ou de malheur, &c. exemple.

ah, ah.

de sorte que *ah* ioint à des substantifs ou adiectifs, marque l'Interiection plus conforme à la signification du substantif ou de l'adiectif. exemple.

ah aichoso de mi, ah que ie suis heureux!

ah desdichado de mi, ah que ie suis malheureux!

ah traydor, ah traistre!

ah vellaco, ah poltron!

hay, hayme, ay, aymè, helas!

pobre de mi, malheureux que ie suis!

ah mi vida, ah ma chere vie, mon cher cœur, mon ame!

hax,   ouf.
exclamation quand on s'est bruflé, ou
coupé.

ox,   eh, eh.
exclamation pour marquer que l'on
fe connoiſt trompé , & que l'on y
prendra garde vne autre fois.

ox ſignifie encore la voix que l'on
exprime pour chaſſer les oiſeaux qui
mangent les grains ſemez.

Dios me libre, Dieu me ſoit en aide.

valame Dios , Dieu me conſerue.

valame nueſtra Señora , noſtre Da-
me me ſoit en aide.

valame la Madre de Dios.

Ces façons de parler expriment vne
grande merueille ou étonnement de
quelque choſe.

Por vueſtra vida, por amor de Dios,
de grace, ie vous prie, faites cela pour
l'amour de Dieu.

Sea Dios bendito , Dieu ſoit beny.

DE LA CONIONCTION.

LA Conionction neufiéme partie de la Langue Espagnole, est vne parole qui sert pour assembler quelques autres mots dont on forme vn discours.

Les Conionctions plus considerables sont celles-cy, à sçauoir,

&, y.

Les Espagnols mettent au lieu de *y*, la conionction Italienne (*e*) lors que le mot qui suit commence par la voyelle *i* : pour éuiter le mauuais son de *y* & *i* : exemple.

otoño e inuierno me plazen, l'automne & l'hyuer me plaisent.

Les conionctions *tambien*, & *aun* se mettent dans vne repetition de la mesme personne, auec la conionction *y* : exemple.

nos otros comimos los perdigones, y tambien el lebraston, nous mangeasmes les perdreaux, & aussi le leuraut.

ie vi la yglesia , y aun la casa del Arcob͜spo, ie vis l'Eglise , & aussi la maison de l'Archeuesque.

mas, péro, empero, todauía, antes,	} mais.
como,	comme.
ò mio , ò tuyo,	ou mien , ou tien.
ora,	maintenant.
ni,	ne.
pues,	donc, doneque.
si,	si.
luego,	doneques.

Conionctions composées de que.

Anzi que,	de sorte que.
aunque,	bien que, quoy que.
despuesque,	de puis que.
puestoque , puesto caso que, }	combien que.
puesque ?	& quoy ?
paraque ?	pourquoy ?
paraquè,	afin que.
porque,	parce que.
si que,	de sorte que.
contalque,	à condition que.

Conionctions irregulieres.

alomenos, siquiera,	au moins.
es à sauer, conuiene à sauer,	c'est à dire.
por tanto,	cependant.
por esso, por lo qual,	c'est pourquoy.
como si,	comme si : exemple.
somo si fuesse rey,	comme s'il estoit roy.

El fine de la Gramatica.

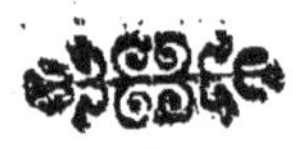

M iiij

Recogimiento de algunas palabras muy neceſſarias de enſe-
ñarſe à los eſtudioſos de la
Lengua Caſtellana.

De las dignidades,
des dignitez.

PAPE,	*Papa.*
empereur,	*emperador.*
roy,	*rey.*
reine,	*reyna.*
prince,	*principe.*
princeſſe,	*princeſa.*
duc,	*duque.*
ducheſſe,	*duqueſa.*
marquis,	*marquès.*
marquiſe,	*marqueſa.*
comte,	*cónde.*
comteſſe,	*condéſa.*
baron,	*baròn.*
baronne,	*baróna.*
cheualier,	*cauallero.*

gentil-homme,	{ *hidalgo.* { *gentil hombre.*
noble,	*noble.*
vice-roy,	*virey.*
embassadeur,	*ambaxador.*
fauory,	*priuado.*
connestable,	*condestable.*
mareschal,	*mariscal.*
grand écuyer,	*escudero mayor.*
chancelier,	*chanciller.*
garde des seaux,	*guarda sellos.*
sur-intendant,	*sobreestante.*
secretaire d'estat,	*secretario de estado.*
tresorier de l'espargne,	*tesorero real.*
premier president,	*primero presidente.*
conseiller,	*consejero.*
aduocat,	{ *abogado.* { *licenciado.*
procureur,	*procuradòr.*
notaire,	*notário.*
greffier,	*escriuáno.*
clerc,	*escriuiente.*
sergent,	*alguazil.*
bourreau,	*verdugo.*

M v

Partes del cuerpo, y membros del hombre.

La teſte,	*la cabéça.*
les cheueux,	*los cabéllos.*
les temples,	*las ſiénes.*
le front,	*la frente.*
les ſourcils,	*las cejas.*
les yeux,	*los ojos.*
les oreilles,	*las orejas.*
le nez,	*la nariz.*
le viſage,	*cara , roſtro, haz.*
la ioüe,	*{ la mexilla.* *{ el carillo.*
la bouche.	*la boca.*
les leures.	*los lábros.*
les dents,	*los dientes.*
les genciues,	*las enzias.*
la langue,	*la lengua.*
le menton,	*la barua.*
la barbe,	*las barbas.*
la gorge,	*pechos, ſeno.*
les tetons,	*tetas , tetillas.*
l'eſtomac,	*el eſtómago.*
les eſpaules,	*las eſpáldas.*

les bras,	*los braços.*
le coude,	*el codo.*
la main,	*la mano.*
les doits,	*los dedos.*
le poulce,	*el pulgar.*
le petit doit,	*el meñique.*
les ongles,	*las vñas.*
les aiſſelles,	*los ſobacos.*
les inteſtins,	*los inteſtinos.*
le cœur,	*el coraçòn.*
le foye,	*el higado.*
les poulmons,	*liuianos boſes.*
la rate,	*el baço.*
le roignon,	*el riñon.*
le fiel,	*la hiel.*
le ventre,	*el vientre.*
la pance,	*la barriga.*
les cuiſſes,	*los muſlos.*
les genoux,	*las rodillas.*
les iambes,	*las piernas.*
les pieds,	*los pies.*
les talons,	*los carcañares.*
mules au talon,	*ſauañores.*
cors,	*callos.*
le ſang,	*la ſangre.*
la chair,	*la carne.*

M vj

les os,	*los hüeſſos.*
les veines,	*las venas.*
les nerfs,	*los neruios.*
les fibres,	*las hebras.*
la moelle,	*el meollo.*

Veſtidos y compoſturas para las mugeres.

Chemiſe,	*camiſa.*
chemiſette,	*almilla.*
coeffe,	*cófia, tocado.*
coeffure,	*atauiadura, y tocado.*
pendans d'oreilles,	*çarcillos cercillos, y arracadas.*
collier, carquant,	*gargantilla.*
cordon de perles,	*ſartal de perlas.*
bracelets,	*manillas, axorcas.*
cordon de corail,	*ſarta, ò ſarta de corales.*
bague,	*ſortija.*
cheſne,	*cadena.*
peignoir,	*mantelina.*
corps de cotte,	*corpiño.*
iuppe de deſſous,	*faldellin.*
iuppe,	*vaſquiña.*

robe,	*saya.*
grand voile,	*manto.*
voile,	*toca.*
voile à couurir le visage,	*reboço.*
patins,	*chapines.*
escarpins,	*çapatillas.*
nœuds de souliers,	*brindeles.*
mules,	*chinelas mulillas.*
iuste au corps,	*iubon.*
lacet,	*abrochadera.*
tablier,	{ *auantal,* *delantal,* *mandil.*
ruban,	*cinta.*
miroir,	*espejo.*
peigne,	*peyne.*
rubans de teste,	*trançaderas.*
ciseaux,	*tixeras.*
étuy,	*estuche.*
épingle,	*alfiler.*
peloton,	*hazerillo.*
éguille,	*aguja.*
dé,	*dedal.*
fil,	*hilo.*
pelotton de fil,	*ouillo.*
carreau,	*coxinete.*

eau pour le visage,	*agua de rostro.*
eau de naffe,	*agua de azahar.*
blanc d'Espagne,	*aluayalde.*
vermillon,	*bermellon.*
fard,	*alféyte.*
pommade,	*manteca.*
poupée,	*muñeca.*
parée, ornée,	*adercada.* *aliñada.* *atauiada.* *asseada.* *afeytada.* *agalanada.* *arreada.* *adornada.* *compuesta.* *paramentada.*
habillée,	*vestida.*
des-habillée,	*desnuda.*
chauffée,	*calçada.*
deschauffée,	*descalçada.*
coiffée,	*tocada.*
décoiffée,	*destocada.*
escheuelée,	*descabellada.* *desgreñada.*

Vestidos y atauios para los hombres.

Chappeau,	*sombrero.*
le cordon,	*el cordon, trencillo.*
plume,	*penacho, las plumas.*
bonnet,	*bonéte, gorra.*
calotte,	*{ birrettillo.* *{ bonetillo.*
bonnet de nuit,	*bonete de dormir.*
coeffe,	*cófia.*
pourpoint,	*el jubon.*
casaque,	*ropilla.*
grande casaque,	*sayo.*
chemise,	*camisa.*
mouchoir,	*pañicuelo, lienso de nariz.*
colet de chemise,	*balona.*
colet,	*cuello.*
fraize,	*cuello, lechuga.*
manchettes,	*puñetes, puños.*
fraizettes,	*lecheguillas.*
glands,	*cordónes.*
haut de chausses,	*calças.*
calçons,	*{ calçones.* *{ çaraguéles.*
pochette,	*{ faldriquera.* *{ faltriquera.*

chauſſetes,	{ calcillas. { calcetas.
bas de ſoye,	medias de ſeda.
bas de laine,	medias de punto.
bas à eſtrieu,	medias calças.
iartieres,	ligas , atapiernas, cenogiles.
chauſſons,	eſcarpines.
ſoulier,	çapáto.
pantoufles,	{ pantuflos, { chinéle.
épée,	eſpada.
fourreau,	váyna.
lame d'épée,	oja de eſpada.
le bout,	contéra.
la garde,	guarnicion.
baudrier,	talauarte.
porte-épée,	tiros.
ceinture,	pretina.
bottes,	botas.
éperons,	eſpuelas.
manteau,	{ herreruelo, { ferreruelo, { manteo.
gands,	guantes.
ruban,	liſton.

La mesa, y el aparejo.

Table,	mesa.
tapis,	alquetifa.
siege,	silla.
nape,	mantéle.
seruiette,	seruilletas.
saliere,	saléro.
cousteau,	cuchillo.
culier,	cuchára.
fourchette,	horquilla.
assiette,	platillo, tablilla.
éguiere,	aguamanil.
essuymain,	toalla.
écuelle,	escudilla.
marmite,	olla.
vin,	vino.
vin blanc,	vino blanco.
vin clairet,	vino tinto.
grand vin,	vino recio.
bouteille,	flasco, botija.
tasse,	taça.
verre,	taça de vidrio.
vaisselle,	baxilla.
vaisselle d'argent,	baxilla de plata.
fayence,	baxilla de loça.
corbeille,	canasta.

Manjares y viandas.

Banquet,	*xira.*
le déieuner,	*el almuerço.*
le difner,	*la comida.*
le goufter,	*la merienda.*
le fouper,	*la cena.*
potage,	*potaje.*
fouppe,	*fopa.*
boüillon,	*caldo.*
pain,	*pan.*
vin,	*vino.*
eau,	*agua.*
chair,	*carne.*
chair tendre,	*carne manída.*
boüilly,	*carne cozida.*
rofty,	*carne affada,*
venaifon,	*caça.*
poulle,	*gallina.*
pouliarde,	*polla.*
poulet,	*pollito, polluelo.*
chapon,	*capòn.*
aifle de chapon,	*alon de capon.*
beatilles,	*los menudilles.*
coq,	*gallo.*
coq d'inde,	*páuo.*

paon,	*pauòn.*
faisan,	*faisan.*
perdrix,	*perdìz.*
caille,	*codorniz.*
lieure,	*liebre.*
leuraut,	*liebraſtòn.*
perdreaux,	*perdigones.*
lapin,	*conejo.*
cochon,	*lechon.*
vne oye,	*ganſa.*
vn iars,	*ganſo, pato.*
oyſon.	*ganſarino, patíco.*
pigeon,	*palómo, pichon.*
pigeonneau,	*pichoncillo.*
mouton,	*carnéro.*
agneau,	*cordéro.*
porc,	*puerco.*
ſanglier,	*xaualì.*
iambon,	*pernil.*
étuuée,	*eſtufada.*
du ſalé,	*cecina.*
ſaulciſſe,	*longaniza.*
ceruelas,	*ſalchichon.*
boudin,	*morcilla.*
lard,	*tocinon.*
le maigre du lard,	*jamon.*

œuf,	*hueuo, ò gueuo.*
le rouge,	*la yema.*
le blanc,	*la clara.*
ommelette,	*tortilla.*
la coquille,	*la cáscara.*
salade,	*ensalada.*
huile,	*azeite.*
vinaigre,	*vinagre.*
laictue,	*lechuga.*
cicorée blanche.	*escaróla.*
de la menue,	*ensalada italiana.*
le dessert,	*la postre.*
confitures,	*confites.*
dragées,.	*gragea.*
bignets,	*buñuelos.*
gaufres,	*hojuelos.*
biscuit,	*biscocho.*
dariole,	*poledea.*
tartelette,	*natilla.*
tartelette au fromage,	*quesadilla.*
petit métier,	*barquillos.*
croquet,	*alfaxor.*
craquelins,	*rosquillas.*
oublies,	*obleas, y suplicationes.*
boullie,	*papas, puchas.*
le buffet,	*el aparador.*

euredents,	*mondadientes.*
dire le benedicité,	*echar la benedicion.*
remercier,	*dar las gracias.*
donner à lauer,	*dar aguamános.*
oster la nappe,	*alzar los manteles.*

Tiempo con sus partes.

Vn clein d'œil,	*meneo de ojo.*
moment,	*momento.*
quart-d'heure,	*quarto de hora.*
demy-heure,	*media hora.*
heure,	*hora.*
iour,	*dia.*
lundy,	*lúnes.*
mardy,	*martes.*
mecredy,	*miércoles.*
ieudy,	*juéues.*
vendredy,	*viernes.*
samedy,	*sabado.*
dimanche,	*domingo, dominga.*
semaine,	*semana.*
mois,	*mes.*
Ianuier,	*Enéro.*
Feurier,	*Hébrero.*
Mars,	*Março.*
Auril,	*Abril.*

May,	*Máyo.*
Iuin,	*Iúnio.*
Iuillet,	*Iúlio.*
Aouſt,	*Agoſto.*
Septembre,	*Setiémbre.*
Octobre,	*Octúbre.*
Nouembre,	*Nouiembre.*
Decembre,	*Deçiembre.*

Quand on vous interroge, *quante tenemos del mes?*

répondez, *el doze*, le douziéme.

quantos dias trahe éſte mes? treynta, trente.

année,	*año.*
primtemps,	*primauéra.*
eſté,	*veráno, eſtio.*
automne,	*otoño.*
hyuer,	*inuierno.*
luſtre,	*luſtro.*
ſiecle,	*ſiglo.*
eternité,	*eternidad.*

Colores, couleurs.

ruban blanc,	*liſtòn blanco.*
noir,	*negro.*
gris,	*pardo.*

rouge,	*colorado.*
incarnat,	*encarnado.*
incarnadin,	*calor di carne.*
bleu,	*turquezado, azul.*
bleu mourant,	*azul deflauado.*
verd,	*verde.*
minime,	*leonado.*
iaune,	*amarillo, jalde.*
violet,	*morado, violado.*
cramoify,	*cochinilla.*
gris de lin,	*flor de lino.*
orangé.	*naranjado.*
nacarat,	*nacarado.*
couleur de rofe,	*color de rofa.*

Grados de parentezco.

pere, & mere,	*los padres,*
ayeul, ayeule,	*abüelo, abüela.*
oncle, tante,	*tio, tia.*
neueu, niepce,	*fobrino, fobrina.*
petit fils,	*nieto.*
mary, femme,	*marito, muger.*
fils, fille,	*hijo, hija*
frere, fœur,	*hermano, hermana.*
coufin, coufine,	*primo, prima.*
coufin germain,	*primo hermano.*

beau-frere,	*cuñado.*
belle-sœur,	*cuñada.*
beau-pere,	*süegro.*
belle-mere,	*süegra.*
gendre,	*yerno.*
bru,	*nüera.*
beau-pere,	*padraſtro.*
parrain, marraine,	*padrino, madrina.*
filleul, filleulle,	*haicado, haicada.*
parent,	*deudo, pariente.*
parentée,	*parentezco.*
baſtard,	*borde, homezino.*
parent de loin,	*deudo de lexos.*
parent de prés,	*deudo cercáno.*
mariage,	{ *caſamiento,* { *matrimonio.*
nopces,	*bodas.*

*Dios guarde mis amigos, y perdone
à mis enemigos.*

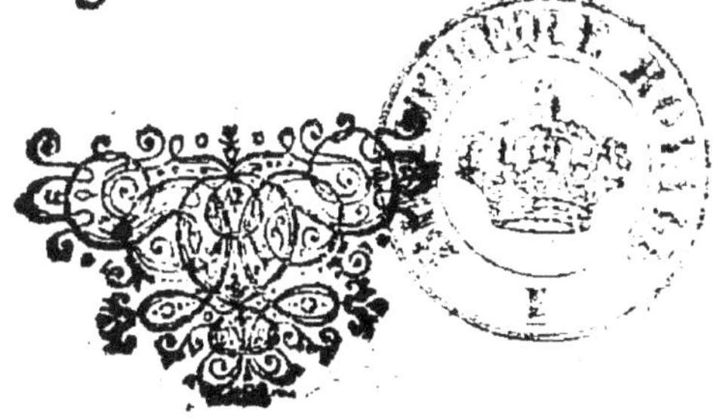

www.ingramcontent.com/pod-product-compliance
Lightning Source LLC
LaVergne TN
LVHW021526170726
843501LV00004B/976